그것이 바로 너다

그것이 바로 너다

초판발행 2024년 9월 12일
지은이 안규수
펴낸이 신지원
펴낸곳 도서출판 소소담담
등　록 2015년 10월 7일(제2017-000017호)
주　소 대구광역시 북구 호국로43길 7-19
전　화 053-953-2112

ISBN 979-11-94141-03-7 (03810)
ⓒ 안규수, 2024

＊ 책값은 뒤표지에 있습니다.
＊ 저자와 출판사의 사전 동의 없는 무단 전재 및 복제를 금합니다.
＊ 이 책은 전라남도, (재)전라남도문화재단의 후원을 받아 발간되었습니다.

그것이 바로 너다

안규수
수필집

솟솟
담담

• 작가의 말

존재의 경이로움

오랫동안 나는 산에 오르기를 즐겼다. 산길을 그냥 걷는 것만으로도 고마워하고 내 튼튼한 두 다리를 주신 부모님께 눈물겨워 했다. 아무 생각 없이 걸어가는 일이야말로 나의 넉넉함이고, 나 자신에게 보태는 큰 믿음이었다.

산길에서 내가 간절히 만나고 싶었던 건 다름 아닌 또 하나의 나였다. 또 하나의 나, 또 하나의 인생을 확인하고 싶었다. 사르트르가 말했듯이 '인간은 마음먹기에 따라 자신을 스스로 재창조할 수 있는 존재'라 믿으며 '잃어가는 나'를 되찾고 싶었다. 여기서 독일의 옛 민요 하나를 떠올린다.

나는 살고 있다
내 목숨의 길이를 모른다
나는 죽는다
그것이 언제인지 모른다
나는 가고 있다
어디로 가는지 모른다

그러고도 태평하게 살고 있는
스스로가 놀랍다

존재의 경이로움을 노래하고 있다. 생각의 출발과 삶의 중요한 과제를 밝히고 있기도 하다. 혀가 빠지도록 일했던 세월도 돌이켜 보면 헛되어 보인다. 햇볕을 쬐면서 지난온 허송세월, 내 몸과 마음은 어느새 석양의 붉은빛에 젖어 있다.

어릴 적 동무들과 뛰어놀던 고향은 사라지고 없다. 그 고향을 그리워하며 새벽 미명이 밝아올 무렵 한두 줄 쓴 글들을 모아 한 권의 책으로 묶었다. 담담한 달빛처럼 살아온 내 인생에서 그것은 '눈물 한 방울'이었다. 그런 눈물 위에서 쓴 글들이니 부끄러움이 앞선다.

내가 읽은 책 몇 권이 마음과 함께 무無로 돌아가고, 내가 쓴 글 몇 줄이 세월에 풍화되어 먼지로 흩어지고, 살았을 때 들뜨게 한 어수선한 것들이 애초부터 없었던 일처럼 물러가는 풍경은 쓸쓸해도 견딜 만하다. 이것은 속수무책이다.

그동안 꼼꼼히 교정을 봐주신 정승윤 수필가님, 책을 만들어 주신 도서출판 소소담담 관계자께 깊은 감사를 드린다.

2024년 여름
안규수

차례

04 작가의 말 존재의 경이로움

1부 나의 갈 길

13 고향 풍경

19 팽이를 치고 싶다

24 삼월 삼짇날

29 따오기 노래

33 다시 태어난다면

39 변두리 인생

45 나의 갈 길

51 영원한 사랑

57 수필手筆을 쓰다

2부 깊은 여행

65 천년 고도 시안

71 생각하는 정원

77 술에 취한 바다

83 원추리꽃

88 깊은 여행

94 성산 일출봉

100 눈 위 발자국

106 시월의 노래

111 장무상망 長無相忘

3부 　순천만 포구

119　광한루의 봄

125　벌교에서 주먹 자랑하지 마라

131　와온 저녁노을

137　바람과 달빛이 흐르는 곳

143　부석사의 선묘 사랑

149　화엄매

154　섬진강 봄빛

160　순천만 포구

166　대덕산 꽃바다

172　풀꽃

4부 설날 풍경

- 179 '갓생'
- 185 그것이 바로 너다
- 190 길 위에 선 돈키호테
- 196 살 수만 있다면, 살 수만 있다면!
- 202 흰고래 무리 속 외뿔고래
- 208 풍경 달다
- 214 노래가 있는 삶
- 220 설날 풍경
- 226 잔인한 달, 3월
- 232 늘 푸른 소나무

|발|문|
238 애절한 사모곡   정승윤

1부
나의 갈 길

고향 풍경
팽이를 치고 싶다
삼월 삼짇날
따오기 노래
다시 태어난다면
변두리 인생
나의 갈 길
영원한 사랑
수필手筆을 쓰다

고향 풍경

고향을 그리워하고 못 잊어 하는 것은 이 몸이 태어나고 자란 곳이고, 마지막으로 이 육신이 묻힐 곳이기 때문이다. 고향은 내 가슴을 부풀게도 하고 아프게도 한 아슴푸레한 영상이 간직된 곳이다. 고향을 찾아간다는 건 처음의 기억을 찾아가는 길이다.

그중에서도 나는 우리 집 아래 영구네 집까지의 백 미터 남짓 되는 골목길이 별나게도 그립다. 여름과 가을이면 양쪽 언덕 위의 나무들로 잎새들의 터널이던 골목. 봄이면 민들레 꽃이 하늘의 금단추인 양 다문다문 피어나던 흙길. 때론, 쇠

똥이 펑퍼짐하게 뉘어져 있기도 하고 간혹 화사한 능구렁이가 쉬엄쉬엄 들고 나던 돌담이며…

　장에 가신 엄마를 목 빼서 기다렸고, 해 질 무렵 살구나무 위에 올라가서 노을을 바라보면 왠지 슬퍼져서 눈물을 글썽이며 내다보던 골목길. 고향의 그 골목길은 기다림의 씨앗을, 그리움의 씨앗을, 아득함의 씨앗을 파종시켰던 첫 작물 밭이었다.

　고향을 떠나던 날, 뒤돌아보게 하던 그 무엇이 지금에도 그 골목 어디엔가 숨어 있을 것만 같다. 그러나 이제 고향의 골목길은 황량하기만 하다. 푸른 나무도, 풀꽃도 사라지고 돌멩이만 구르고 있을 뿐. 저 좁은 공간에서 동무들과 어떻게 술래잡기했고, 어떻게 공놀이했을까. 비 내리는 밤이면 무서워서 아빠 담배 심부름조차 겁내던 길이었다. 지금은 개들조차도 짖지 않는 적막한 골목이 되었다. 오늘 농촌의 메마른 인정도 기실 우리네 고향의 골목길이 황폐해진 것과 무관하지 않으리라.

　그때 농부들에게는 '농사는 하늘이 짓는다'라는 순박한 믿음이 있었다. 아버지는 퇴비를 만들기 위해 매년 들에 벼이삭이 팰 때면 일꾼들을 데리고 마을 뒷산인 징광산 기슭 가파른 산길을 올라 풀을 벤 후 마르면 지게로 져 날라 작두로

썰어 마당에 산더미 같은 퇴비 더미를 만들었다. 그 퇴비 만드는 일은 풍년을 기약하는 동네의 연례행사로 거름 자리 크기는 곧 그 집 살림살이를 가늠하는 잣대였다. 퇴비가 없으면 농사를 지을 수 없었기 때문이다.

'해거리'란 말이 있다. 과실이 한 해에 많이 열리면 그 다음 해에 열매가 열리지 않는 걸 말한다. 그때는 이모작이라 해서 논에 벼를 수확한 후 보리나 밀을 재배했다. 아버지는 4, 5년마다 벼를 수확하고 보리를 재배하지 않고 자운영을 심어 땅심을 높인 다음 햇벼를 심어 해거리를 방지했다. 감나무, 대추나무, 밤나무 등 많은 과실나무도 해거리한다. 한 해 많은 열매를 키우고 나면 다음 해는 반드시 쉼이 필요했다. 한 해를 쉬는 건 나무들의 안식년이기도 했다.

2천여 평의 감나무에서 과실을 수확해야 하는 아버지의 처지에선 수확량 감소는 난감한 일이 아닐 수 없었다. 이 해거리를 해결하는 방법이 가지치기이다. 썩은 가지는 물론이고 잔가지를 미리 잘라 주면 이듬해 감나무 가지마다 둥근 감이 주렁주렁 열렸다. '해거리'와 '가지치기'는 '힘과 쉼'이다. 이는 자연이 베푼 비움의 지혜이다. 힘과 쉼 역시 그렇다. 얼핏 정반대 성질처럼 보이지만 실은 동전의 양면이다. 힘을 빼고 멈춘 상태가 '쉼'이기 때문이다.

1965년쯤, 나의 고향은 서서히 변하기 시작했다. "잘 살아 보세"라는 새마을 운동 덕분이다. 이때쯤 가난을 퇴치하자는 정부의 방침에 따라 다수확 품종인 '통일벼'를 심었다. 농부들은 다수확 품종이라는 말에 퇴비로 농사짓던 재래의 방식을 바꾸어 비료와 농약을 사용하기 시작했다. 이때부터 힘들게 퇴비 만드는 일도 사라졌다. 이 신품종 벼가 재배되면서 쌀 수확량은 늘었으나 자연에 순응하는 순박한 시골의 기존 질서와 가치는 사라지고 말았다.

초가지붕이 슬레이트로 바뀌면서 고향의 옛 정취도, 더불어 살아가는 인정 있던 사회가 삭막하고 메마른 사회로 바뀌어 갔다. 오직 '잘살아 보세'라는 구호 아래 화학비료와 농약 사용이 대폭으로 늘어났다. 특히 통일벼는 병해충에 취약해 농약 사용이 해마다 급속히 늘어났다. 바람 부는 날에는 독한 농약 냄새가 집안으로 날아들어 숨쉬기조차 힘들었다. 인분과 천연 퇴비로 몇천 년 이어져 온 자연 친화적인 농촌은 생산 극대화를 위한 기계적 농촌으로 날로 삭막해졌다. 도시에 공장이 들어서고 젊은이들이 농촌을 떠나면서 시골의 공동화 현상은 심해져 갔다.

그 시절 봄이 오면 농촌에는 남쪽 나라에서 제비, 뜸부기, 따오기 등 여름 철새들이 어김없이 찾아들었다. 제일 반가운

손님은 제비로 사람들은 그 철새가 행운을 물고 온다고 믿었다. 처마 밑에 집을 짓고 전선줄에 앉아 지지배배 노래를 부르던 모습은 정겹고 아름다운 농촌 풍경의 한 단면이었다. 그 철새들의 먹이가 논밭의 해충인 것은 자연의 섭리였다. 그러나 다수확을 위한 과도한 비료나 농약 사용은 병해충만 잡는 게 아니라 철새들마저 죽이고 말았다. 자연은 조력자를 잃고 역습을 당한 것이다. 해마다 그런 일들이 반복되면서 그 철새들은 이 땅에서 영영 자취를 감추고 말았다.

그뿐만 아니라 웅덩이에서 헤엄치던 풍뎅이, 땅을 기름지게 하는 땅강아지, 가을이면 황금 들판 벼 이삭에 붙어 깡충깡충 뛰어 날던 메뚜기, 새들을 쫓던 허수아비도 사라졌다. 오월이 오면 무논에서 밤새 울어대는 개구리 울음소리도 들을 수 없게 되고 개울의 피리, 메기 등 물고기도 종적을 감추었다.

그런 동물이나 곤충이 살 수 없는 이 땅에 사람인들 온전히 살 수 있을까? 사람은 자연의 일부이니 자연과 더불어 살아야 한다. 개울물이 졸졸 흐르고, 싸리 울타리에 소변을 누다 미루나무에 걸친 달을 보면 문득 슬픔이 치밀던 새벽녘, 일그러진 달을 보고 놀란 강아지 짖는 소리에 닭들이 '꼬끼오' 하며 새벽을 깨우던 사람 냄새나는 그 풍경이 영영 우리 곁에서 사라지고 말았다.

한 그루의 나무가 있다. 늦가을, 이 나무는 앙상하다. 누군가에게 아낌없이 주면서 살아왔기 때문이다. 아니, '아낌없이'라는 말만으로는 부족하다. 자기 살까지 떼어 먹일 정도로 눈물겹게 섬겨 왔다는 헌사가 더 어울린다. 하지만 고향의 이 나무가 내년 봄에도 다시 잎을 피우고 열매를 맺으리라는 기약은 어디에도 없다.

팽이를 치고 싶다

나는 초등학교에 다닐 때 동요 〈계수나무〉를 부르면서 자랐다. 지금은 어떤가? 달에 사람이 다녀오면서 계수나무는 사라지고 없다. 세계의 허파라고 하는 아마존강 밀림을 개간한다는 명목으로 불태워 원숭이 두창이 오고, 동굴에 사람들이 드나들면서 박쥐 서식지가 파괴되어 코로나 병균이 세상을 공포의 도가니로 만들었다.

헨리 데이비드 소로는 《월든》에서 "나는 숲으로 갔다. 천천히 살며 오직 삶의 본질만 마주하고 삶이 내게 가르쳐 준 것 중에서 배우지 못한 것은 없는지 살펴보기 위해서, 마침

내 죽게 되었을 때 제대로 살지 않았다는 것을 깨닫지 않기 위해서 나는 숲으로 갔다"라고 했다. 소로가 생각하는 그 숲은 안타깝게도 지구상에서 사라져 가고 있다.

농촌에 사는 축복 중의 하나는 시공간적 여유다. 하지만 현실은 그마저 사라지고 없다. 자연은 정직하다. 자연을 아끼고 베풀면 그만큼 보상해 주고, 훼손하면 반드시 그만큼 갚아 준다. 불과 며칠 전 미국 플로리다주 서남부를 폐허로 만든 종말론적 허리케인 '이안Ian'은 엄청난 강풍과 물 폭탄을 쏟아부어 100여 명이 사망했다는 보도는 분명한 인류를 향한 대자연의 경고였다.

어릴 적 농촌은 평화롭고 아름다운 동산이었다. 아버지는 가난해도 자연에 순응하면서 땀으로 농사짓고 살았다. 뜨거운 여름 일꾼과 함께 산과 논둑에서 풀을 베어 집 마당 한 구석에 두엄을 만들었다. 가을 벼 추수가 끝나면 경운기가 없던 시절이라 그 거름을 손수 지게로 져 논밭으로 날랐다. 그때 농민들은 거름이 없으면 농사를 짓지 못한다고 생각했다. 요즘 농촌에서 유행한다는 자연 친화적 농법이 바로 그 시절의 농사법이다. 독한 농약을 치지 않으니, 가을이 오고 노랗게 벼 이삭이 익으면 온통 메뚜기들 세상이 되었다.

몇 년 전 서울 종로 인사동 고미술점에서 달구지라고 불리던 옛 우마차 한 쌍과 나무로 깎아 만든 팽이를 사, 내 서재에 진열해 두었다. 이 팽이와 바퀴를 볼 때마다 깊은 애정을 느낀다. 어릴 적 여름이면 길 위에서 굴렁쇠를 즐겨 굴렸고, 겨울이면 얼어붙은 집 앞 논에서 팽이를 채로 치며 놀았다. 나무를 깎아 만든 팽이에 무지개처럼 오색으로 채색해 빠른 속도로 채로 치면 팽이는 흰색에 가까운 아름다운 빛깔의 조화를 보였다. 팽이가 쉼 없이 돌 때 야릇한 전율이 느껴졌다.

가끔 고향을 찾아 텅 빈 골목길을 걸을 때 허무감마저 들었다. 유년 시절의 아름다운 추억이 눈앞에 아른거린다. 삶이란 이름의 수레바퀴를 힘겹게 한 바퀴 거의 다 굴려온 지금, 고향을 찾으니 마당에서 팽이를 치고, 골목에서는 사람 냄새가 나고, 왁자지껄한 웃음꽃이 피던 그 시절은 어디론가 사라지고 흔적도 남아 있지 않다.

나는 외로울 때 고향을 찾는다. 늙은이들만 사는 동네, 오직 적막감만 감돌 뿐이다. 그 옛날 먼동이 터오면 장닭들의 우렁찬 울음소리가 새벽을 깨우고 날이 저물면 엄마들의 애들 부르는 소리에 어둠이 찾아들었다. 어린아이, 얼마나 꾸밈이 없이 순진하고 천진하고 가벼운 존재인가! 오직 가벼운 자만이 웃는다. 그 철없는 웃음을 잃은 골목은 죽음의 그림자가 드리워져 있다.

팽이를 다시 치고 싶다. 잃어버린 동심에 대한 향수가 그리워진다. 내가 사는 이곳은 소도시 변두리로 10여 년 전만 해도 울창한 나무숲이 아름다운 곳이었다. 지금은 산허리 넓은 나무숲이 모두 사라지고 밭이 되어있다. 애초 여긴 길게 늘어진 산 능선을 따라 길게 등산로가 있어 많은 시민이 이용하는데 그 길마저 철조망으로 막혀 있다. 이처럼 자연은 개발이라는 명목으로 곳곳이 파헤쳐지고 있다. 고향 산천의 푸른 숲도 개발이 되면서 나날이 줄어들고 있다.

"지구가 아프다. 이제는 행동할 때." 그레타 둔베리Greta Thunberg의 외침이다. 그녀는 스웨덴에서 태어난 19세의 환경 운동가이다. 그가 유럽에서 미국 뉴욕 환경 회의 참석을 위해 먼 거리를 이동하면서 탄소 배출을 줄이기 위해 비행기를 타지 않고 돛이 달린 태양광 보트를 타고 대서양을 건너는 모습을 전 세계인들에게 보여줘 깊은 감동을 주었다.

산그늘이 설핏 내릴 무렵, 나는 뒷산에 올라 잔디밭에 드러누웠다. 저 멀리 순천만 갈대밭은 노을에 붉게 물들었다. 가파른 숲길을 오르면서 삶의 두려움과 호기심, 짜릿함에 두 다리가 후들거리던 떨림을 맛보았다.

인생에서 어찌 꽃피고 잎 무성한 여름만 있겠는가. 꽃을 달고 있는 시간은 잠깐이다. 꽃이 핀다고 다 열매를 맺으랴. 절반 이상을 비바람과 해충에 내어준다. 나무는 잎이 무성할 때는 늘 바람에 시달린다. 마침내 가진 모든 걸 떨구고 빈 가지로 눈보라를 맞을 때가 온다. 하지만 나무는 엄살을 떨지 않고 그 모든 일들을 순순히 받아들인다. 그러면서 나무는 성장하고 숲은 번성한다.

숲이 살아야 인간도 살 수 있다. 우리 주변도 태양광 발전 시설을 설치한다고 무성한 소나무 숲이 듬성듬성 베어지고 있다. 당장 눈앞 이익에 눈이 먼 사람들은 이 사실을 간과한다. 존재의 끝과 시작은 원처럼 맞물려 있으며, 시작은 언젠가 끝나지만, 그 끝은 새로운 시작으로 이어진다. 쓰러졌다가 다시 일어나 빙글빙글 도는 팽이처럼. 어릴 적 불렀던 동요를 다시 목 터지게 부르며 인생의 유한함을 대자연의 무한한 순환으로 극복하고 싶다.

삼월 삼짇날

꽃들을 다시 만난 것은 꼭 일 년 만이었다. 노강산 진달래가 예전의 그 얼굴을 내밀고 꽃망울을 터트리고 있었다. 봄은 무채색 같은 겨울 풍경 속에서 강렬한 원색으로 존재감을 드러내기 시작한다.

봄날은 따사롭고 고즈넉했다. 진달래가 피는 음력 3월 3일, 삼짇날은 동네 여인들의 잔칫날이었다. 여자들은 노소를 막론하고 화전花煎을 지져 먹을 만반의 준비를 해서 노강산으로 화전놀이를 떠나고, 남자들은 어른들만 술과 안주를 챙겨 뒷골 징광산으로 답청踏靑놀이를 떠났다. 답청이란 따뜻한 봄날 파릇파릇 돋아난 풀을 밟는다는 뜻이다.

화전은 동그란 쌀떡에 진달래 꽃잎을 올린 예쁜 음식이다. 만들기도 어렵지 않다. 찹쌀가루를 뜨거운 물에 반죽해서 동글납작하게 만든 다음, 팬에 기름을 두르고 지지면서 진달래 꽃잎을 사뿐히 올리면 그만이다. 화전은 꽃지짐이라고도 불리는, 계절감을 잘 드러내는 낭만적인 떡이다.

그날 나는 엄마를 따라가 다른 친구들과 진달래꽃밭을 누비며 우리끼리 재미있게 놀았다. 달콤한 화전을 얻어먹는 재미도 솔솔했다. 이 여인들의 화전놀이에 어린이를 제외한 성인 남자는 출입 금지였다.

삼월 삼짇날의 화전놀이는 오랜 전통으로 내려오던 봄놀이 행사였다. 이날은 여자들에게 가사를 비롯한 일상에서 벗어나 인간으로서 자유를 누리는 날이었다. 어머니들이 술에 거나하게 취하면 여기저기 진풍경이 벌어졌다. 엄마들은 닫혀있는 가슴을 열어젖히고 쌓인 울분을 털어낸다. 무슨 서러운 일이 있는지 엉엉 목 놓아 울기도 하고, 그동안 이웃끼리 감정이 상한 일이 있으면 화해하고, 시어머니와 남편을 흉보면서 웃고 즐기다가 점심을 먹고는 화전놀이가 시작되었다. 장구, 북을 치며 어화둥둥 춤추고 놀다 해가 서산에 기울면 서둘러 집으로 돌아오는 광경은 유년의 아름다운 추억으로 남아 있다.

그날만은 동네 여인들에게 해방 공간이었다. 최명희의 대하소설 《혼불》에는 당시 화전놀이와 더불어 행해졌던 요즘의 백일장과 같은 '화전가' 짓기 대회에서 장원을 한 어느 부인의 화전가가 나온다.

> 어화 우리 벗님네야 화전놀이 가자스라. 비단 같은 골짜기에 우리도 꽃이 되어 별유천지 하루 놀음, 화전 말고 무엇 있소. 화전놀이 하러 가세.

삼월 삼짇날 열렸든 화전놀이는 단순한 여가나 놀이 차원을 넘어 마을의 공식적인 행사였다. 가부장적 전통 질서에서 해방되어 온전히 여성만의 공간을 찾아 경개景槪 좋은 곳에 모여 화전을 나누어 먹고 옷고름을 풀고 즐기는 날이었다. 이날은 마을의 모든 여성이 가정의 굴레에서 벗어날 수 있는 공식적인 여성의 날이기도 했다.

> 백백 홍홍 갖은 교태 만화방창 시절이라
> 놀아보세, 놀아보세, 화전을 하며 놀아보세
> 여자 동류 서로 만나 만단개유 하는 말이

백 년 광음 헛쁜 인생 아니 놀고 무엇하리

구전되어 내려온 민요를 봐도 이날 여성들은 술도 마시고 마음껏 취할 수 있었으며 남성 못지않은 호기를 부릴 수도 있었다. 백 년이 광음이고 헛쁜 인생이니 놀자고 한다. 여럿이 모여 앉아 화전을 먹으며 온갖 시집살이의 서러움을 토해 내는 자리이기도 했다. 예로부터 부엌과 음식 만드는 일은 전적으로 여성의 몫이었다. 그렇지만 진달래 화전은 연중 단 하루 온전히 자신들이 먹고 놀기 위해 장만한 음식이었다.

엄마는 다른 엄마들과 달리 동네에서 엄마를 부르는 택호가 작은 평촌댁이었다. '작은'이라는 접두사가 붙은 건 한 마을에 큰 평촌댁이 있다는 뜻이다.

엄마는 동네 마실을 나가실 때 항상 수건을 머리에 쓰고 다니셨다. 가급적 사람들을 피하기 위해서였다. 그런 엄마가 화전 날에는 막걸리를 드시고 누구보다 앞장서서 노래를 부르고 춤을 추며 즐거워하시는 모습을 잊을 수 없다. 일 년에 딱 한 번인 삼월 삼짇날만은 엄마도 닫힌 마음의 문을 열고 '자유'를 만끽하는 날이었던 것 같다.

이런 화전놀이가 사라진 지금의 고향 풍경은 어떤가. 사람 사는 곳이 아닌 양로원이나 다름없다. 어릴 적 60호가 넘던 마을이 지금은 20호도 못 되고, 마을 이장을 70세를 넘은 노인이 맡고 있다. 낮에는 동네 회관에서 한데 모여 지내다가 밤이 되면 각자 집으로 돌아가는 노인들, 매년 한두 명씩 치매에 걸리면 객지에 나가 살던 아들딸들이 요양원으로 모셔가서 2, 3년 뒤 돌아가시면 화장한 후 평생을 몸담고 살았던 마을로 돌아오지 못하고 어디론가 사라진다.

 이토록 아름답고, 이토록 소중한 고향. 고향은 어머니 품속 같은 곳. 가면 갈수록 그립고 바라보면 볼수록 떠나기 싫은 나의 이상향이다. 찾을 때마다 고향은 감춰 놓은 속살을 나에게만 문득문득 보여준다.

 마을 앞 늙은 당산 소나무는 그동안 있었던 동네 이야기를 바람의 몸짓으로 나직이 속삭여 준다. 고향 산천은 겉으론 그저 비슷비슷해 보이지만 어느 하나 그 모양새, 차림새가 저 만한 것이 없다. 그 빚어내는 빛깔이며 바람결의 감촉마저 다르게 느껴진다. 그들이 간직한 숱한 이야기는 나그네의 귀조차 기울이게 만드는 정감 어린 속삭임으로 들린다.

 정작 봄이면 진달래꽃을 보기 위해 찾아가도 꽃밭이 보이지 않는다. 엄마가 삼짇날 만화방창 노래하고 춤추던 진달래꽃밭은 영영 사라지고 없다. 푸르렀던 초원에는 태양광 발전 시설이 설치되어 넓게 자리 잡고 있었다.

따오기 노래

지난 오월이었다. 산책길에 동네 서점에서 동요 〈따오기〉 노래가 흘러나왔다. 어린 시절 무척이나 즐겨 부르던 노래였다. 형언할 수 없는 감회가 동심의 세계로 날 이끌어 갔다. 가던 걸음을 멈추고 작은 소리로 가만히 따라 불렀다.
"보일 듯이 보일 듯이 보이지 않는 따옥따옥 따옥 소리 처량한 소리…."
순간 마음이 뭉클해지면서 목이 메었다. 향토적 서정과 애상적인 가락, 청아한 목소리가 불러온 향수에 가슴이 촉촉이 젖었다.

초등학교 시절 〈따오기〉는 국어 시간에 동시 작품으로 공부했고, 음악 시간에는 노래를 배웠다. 〈반달〉〈고향의 봄〉〈오빠 생각〉 등과 더불어 유년 시절의 추억을 대표하는 애창곡이었다. 한정동이 작사하고 윤극영이 작곡한 동요 〈따오기〉. 나라 잃은 민족의 설움을 '내 어머니 가신 나라', '내 아버지 가신 나라'로 표현한 노래다. 일제는 금지곡으로 지정해 이 노래를 핍박했다.

지금도 엄마가 생각나는 정겨운 노래다. "떠나가면 가는 곳이 어디메이뇨. 내 어머니 가신 나라 해 돋는 나라…." 엄마가 가신 나라는 멀고 먼 해 돋는 나라가 아닐지 모르겠다.

어릴 적 동네 앞 냇가에서 우는 따오기 소리는 한없이 처량했다. 논두렁에서 따옥따옥 우는 소리를 듣다 보면 나도 몰래 눈가에 눈물이 번지곤 했다. 저녁노을이 질 무렵 시골 냇가에서 들으면 더욱 그랬다. 제비, 뜸부기, 따오기는 여름이면 흔하게 볼 수 있는 철새였다. 따오기는 논이나 냇가 등 습지에서 민물고기나 개구리 등 수서동물을 잡아먹고 밤이면 인근 관목숲이나 마을 뒤 소나무 숲에서 잠을 잤다.

당시 마을 논에는 다수확 품종인 통일벼를 많이 심었다. 통일벼는 벼멸구 등 해충에 약해 농약 사용이 늘어났다. 마을 앞 푸른 들이 하얀 농약 가루로 뒤덮이고 바람이 불면 마을까지 독한 농약 냄새가 날아들었다. 농약 냄새가 짙어질수록 따오기 소리도 점점 사라져갔다. 벼멸구 등 논밭의 해충은 철새들의 먹이였는데, 그 독한 농약 살포는 해충뿐만 아니라 철새들까지 다 죽이고 말았다.

아침이면 집 앞 전선 줄에 앉아 지지배배 노래 부르던 제비, 따오기 등 정겨운 철새들은 어디로 갔을까. 50여 년이 지난 지금도 내 고향에는 이 여름 철새들이 돌아오지 않고 있다. 그뿐 아니라 이맘때면 모내기 전 논이나 웅덩이에서 개골개골 울어대는 울음소리로 밤잠을 설치게 하던 개구리와, 엉덩이에 반짝이는 등을 달고 날아다니던 반딧불이도 지금은 볼 수가 없다. 아득한 기억 속으로 사라진 그 시절, 그 모습들…. 어디 가서 다시 볼 수 있을까.

얼마 전 반가운 소식을 들었다. 2008년부터 창녕군 우포늪 따오기복원센터에서 번식에 성공하여 지금은 300여 마리를 사육하고 있으며 2019년부터 따오기를 야생으로 돌려보내고 있다고 했다. 먼 남쪽 나라에서 봄을 물고 오는 따오기는 철새가 아니라 어엿한 텃새가 된 것이다. 그 옛날처럼 여름이면 논두렁에서 개구리를 잡아먹는 광경을 다시 볼 수 있으면 얼마나 좋을까.

나의 고향 산천은 옛 모습 그대로인데 정든 옛 정취는 오 간 데 없다. 골목에는 노인들의 콜록콜록 기침 소리만 들린다. 골목에서 뛰어놀던 보고 싶은 동무들은 다 어디 갔는지 알 수가 없다. 실향민이 된 나, 삶의 유한성과 그 한계를 깨닫게 되고 생살이 찢어지는 듯한 아픔을 느낀다. 갈 곳을 잃은 내 영혼은 어디로 가야 할지 모르겠다.

서점에서 흘러나오는 노랫소리가 발걸음을 따라오며 가슴을 흔들어 댄다.

잡힐 듯이 잡힐 듯이 잡히지 않는 따옥따옥 따옥 소리 처량한 소리, 떠나가면 가는 곳이 어디메이뇨. 내 아버지 가신 나라 해 돋는 나라….

다시 태어난다면

내가 다시 태어난다면? 스스로 하는 질문이다. 나는 도대체 내가 누구인지 모르면서 지금까지 살아온 느낌이다. 어린 시절 유난히 여리고 몸이 허약했다. 아버지가 키만 보고 일곱 살에 입학시키는 바람에 학교 공부를 따라가지 못해 2학년에 올라가서야 한글을 깨칠 수 있었다. 교실에서는 꾸어다 놓은 보릿자루처럼 친구들과 잘 어울리지 못하고 늘 외톨이였다.

초등학교 때 내 별명은 '가시내'였다. 내 이름 '규수'에서 따온 별명으로 2학년 때 담임선생님이 첫 시간 출석을 부르면서 지어 주셨다. 멀쩡한 사내를 가시내라고 놀려대는 동무들과 싸움도 많이 했다. 그러나 이름에 대한 열등감은 쉽게 사라질 줄 몰랐다. 그 별명이 죽고 싶도록 싫어 홀로 눈물짓던 아이였던 나는, 일탈과 모험보다는 편협하고 고정된 사고 속에 스스로를 가두었다.

상고를 졸업하고 스물둘에 결혼했다. 4대 독자인 아버지가 정해 둔 배필이 있었다. 대학 진학을 준비하고 있었으나 가정 형편이 여의찮아 내 꿈은 물거품이 되고 말았다. 첫딸이 태어나고 다음 해에 군에 입대했다. 육군통신학교 신병 때 선임병들의 밤마다 계속되던 기합과 사무실 과장으로 있던 소령의 언어 폭력을 더 이상 견디기 힘들어 탈출구로 월남 파병을 자원했다.

월남 중부 백마부대, 죽음의 계곡으로 유명한 뚜이호아 도깨비부대 최전방 중대에 배속돼 수많은 전투와 매복 작전에 투입되었다. 죽음의 냄새가 득실거리는 정글에서 1년 5개월 만에 고향에 돌아올 수 있었다. 삶과 죽음이 교차하는 혼돈의 틈새에서 천우신조로 살아 돌아온 나는 나약한 자신의 벽을 넘어설 수 있었다. 한 가정의 가장으로 겁 없이 죽음의 늪에 뛰어든 자신의 무책임한 행동을 수없이 자책했다. 거기에다 밤마다 전투 현장의 악몽이 재현되는 트라우마에 시달려 병원을 드나들어야 했다.

대하소설 〈토지〉를 쓴 박경리 작가도 생전에 젊은 사람들이 모인 자리에서 질문을 받았다. 다시 태어나면 무슨 일하고 싶은가? 그는 〈일 잘하는 사내〉라는 제목의 시로 답변을 대신했다.

다시 태어나면
일 잘하는 사내를 만나
깊고 깊은 산골에서
농사짓고 살고 싶다

소박한 삶에 대한 그리움을 담은 가벼우면서도 사려 깊은 답변이었다. 그런데 그 말을 들은 사람들이 돌아가는 길에 그 말을 생각하며 울었다고 한다. 그들은 왜 울었을까? '홀로 남은' 작가가 안쓰러워 그랬을까? 작가는 스무 살 때 결혼하고 스물넷에 전쟁에서 남편을 잃고 두 아이를 키우면서 평생을 홀로 살았다. 그를 위대한 작가로 만든 소설은 사실 그에게 생활의 방편이었다. 생전 사랑하는 사람과 시골에서 오순도순 살고 싶다는 그의 말에서 젊은이들은 자연에 대한 회귀본능과 소박한 삶에 대한 그리움을 자극받았는지도 모른다.

같은 시에서 작가는 '삶을 연민'으로 묘사했다. 가난해도 사랑하는 사람과 갈대 꺾어 지붕 얹고 때로는 밀렵꾼 손목 부러뜨리고 새들 지켜 주며 행복하게 살고 싶은 그런 마음은 누구에게나 있다.

이 시를 읽고 엄마 생각이 났다. 엄마의 삶은 험난했다. 가난한 집에서 태어나 열여덟에 동네 총각과 눈이 맞아 결혼했다. 스물에 태평양전쟁에서 남편을 잃고, 해방되던 해 스물넷에 5대 독자로 이어 온 집안에 순전히 아들을 낳기 위해 마흔이 넘은 아버지 후처로 들어와 해방 이듬해 날 낳았다.

초등학교 6학년 때였다. 정월 대보름날 밤 엄마는 내 손을 잡고 집 앞 들길을 걸었다. 엄마는 푸르스름한 달빛 아래 물끄러미 날 바라보시더니 긴 한숨을 내쉬시며 말씀하셨다.

"너 뭣 헐려고 태어났냐!"

그땐 그 말이 무슨 뜻인지 몰랐다. 그날 밤 달빛은 엄마의 아픈 상처에 담긴 한恨의 은유였다. 튼실한 사내를 만나 초가삼간 오두막에서 농사지으며 아들딸 낳고 오순도순 살고 싶다는 좌절된 속내를 달빛이 불러내지 않았나 싶다. 엄마는 그 시에서처럼 자기 연민을 소박한 삶에 대한 보편적인 그리움의 문제로 승화시켜 놓았을 것이다.

내가 다시 태어난다면 나무처럼 살고 싶다. 나무는 말이 없다. 유구한 세월, 자연의 순환 속에 주인공은 나무이고 나는 잠시 지나가는 나그네일 뿐이다. 나무는 자신의 분수에 맞게 자족할 줄 알고, 고독을 견디고, 즐길 줄도 안다. 나이 들면서 품위를 더해 가는 것은 나무밖에 없다. 긴 세월의 풍파를 고스란히 알몸으로 이겨 낸 뒤 얻어진 초월과 해탈 때문은 아닐까.

산은 절간이요, 나무는 묵언 정진하는 수도승이다. 나무는 바람을 좋아한다. 그러나 바람이 온갖 아양을 떨어도 으스대지 않고 어떤 시련을 주어도 원망하지 않는다. 바람을 보면 항상 연인을 대하듯 수다를 떨며, 하고 싶은 말을 다한다. 나는 가슴이 답답할 때면 나무숲에 든다. 깊은숨을 몰아쉴 때마다 나무는 푸른 제 숨을 주면서, 오롯이 숨 쉬며 사는 일이 온전한 삶이라고 나직이 일러 준다.

고향 가는 길은 언제나 즐겁다. 마을에 들어서면 사람들의 웃음소리가 여전히 들리는 듯하고, 아이들이 뛰노는 모습이 아직도 눈앞에 선연해서다. 마을 앞에는 늙은 소나무가 장승처럼 버티고 서 있다. 한여름 천둥을 몇 개씩 품었음 직한 그 나무 앞에 서면 마음이 숙연해진다. 그동안 나는 무엇을 했나? 시시포스처럼 평생 굴러떨어진 바위를 다시 밀어 올렸는데도 무엇을 남겼는지 모르겠다. 그러면 나무는 가지를 흔들면서 말을 걸어온다. 이제 모든 일을 내려놓고 다시 고향으로 돌아오라고.

그러나 고향은 그리던 고향이 아니다. 어린 시절 불던 풀피리 소리 아니 나고 적막한 골목길을 걸으면 노인들의 기침 소리에 메마른 입술이 쓰디쓰다. 머지않아 마을은 사라질 운명이다. 내 인생의 마지막 여정은 고향으로 돌아가는 길이며, 그곳에서 부모 형제와 함께 영원히 고향 산하를 지키는 일이다.

변두리 인생

생각하면 나는 이제까지 대체로 변두리에서 살아왔다. 나는 변두리에서 태어나 변두리에서 자랐다. 내가 어딘가에 이르렀다고 한다면 내 출발점은 언제나 변두리였다. 한마디로 변두리 인생이다.

내가 태어난 곳은 전남 보성 벌교이다. 일제 강점기 때부터 인근 고흥 보성 순천의 교통 중심지로 소도읍치고는 크게 번성한 곳이었다. 그런데 도로가 사통오달로 정비되고 기계문명이 밀려들고 농촌 공동체가 와해되면서 어느 때부터인가 변두리로 치부되기 시작했다.

오는 봄은 항상 새봄이고 언제나 그렇듯 내 생애에서 처음 맞는 봄이다. 봄기운에 피가 더워지고, 봄동 겉절이에 냉이무침, 된장국이 있는 밥상이 입맛을 돋우고 있다. 오랜만에 고등학교 동창 J를 만났다. 한때는 시청 고위공직자였던 친구는 명퇴하고 복지회관 같은 곳에서 봉사활동을 하며 소일하고 있다.

"아직 무슨 일이든 잘할 수 있을 것 같은데, 이제는 어디 가나 무용지물에 퇴물 취급이라네. 봉사 나가는 곳에서도 젊은 사람들을 더 좋아하더라고. 난 젊은 사람들 앞에서 주눅이 들어."

허탈하게 말하는 친구에게 나는 대답했다.

"친구야, 주눅은 무슨 주눅! 죽자 살자 열심히 살았는데 우리가 무슨 죄지었어?"

말은 그렇게 했지만 어쩐지 그의 말에 내심 동조하고 있었다. 그는 이제껏 내가 만난 사람 중에 가장 겉과 속이 다른(?) 사람이다. 겉모습은 씩씩하고 대범하지만 속은 말랑말랑하면서 섬세하고 여리다. 과묵하고 성실 근면한 성품이 그를 고위직까지 끌어올린 것 같다.

친구와 헤어진 뒤 백화점에 들렀다가 배가 고파 지하 식품 판매장에 갔다. 엘리베이터를 타기 위해 1층을 가로질러 가는데 얼핏 화장품 진열대에 놓인 거울에 내 얼굴이 비쳤다. 목주름 하며 팔자 주름은 가뭄에 논 갈라지듯 깊은 골짜기를 이루었고 눈밑 주름은 자글자글해 보였다.

식당에서 뭘 먹을까, 이것저것 고르다가 여러 가지 색깔의 날치알과 채소로 화려하게 장식된 김밥에 관심을 보이자, 점원이 그건 요즘 젊은 사람들이 좋아하는 것이라면서, 나이 드셨으니 그냥 프라이드를 드시란다.

그 말이 거슬려 한마디하려다 나는 금방 꼬리를 내리고 말았다. 야들야들하고 투명한 피부, 윤기 나는 검고 싱싱한 생머리, 그보다 온몸으로 발산하고 있는 당당한 젊은 여성의 매력에 주눅이 들었기 때문이다.

나이 들어간다는 것은 무엇인가. 어느덧 일흔이 되면 얼굴에 하얀 버짐이 눈물처럼 번진다. 자신의 외로움을 숨기려 해도 금방 드러나 조금은 우스꽝스럽고 조금은 슬픈 존재들, 그건 어쩔 수 없는 시간의 흔적이다.

지금까지 인생의 맛을 모르고 살았다. 황혼 녘을 맞으니 그나마 어렴풋이 인생의 윤곽을 그려볼 수가 있게 되었다. 진심으로 부자가 되거나 훌륭한 사람이 되고자 꿈을 꾼 적이 있던가? 그건 아닌 것 같다. 평생 월급을 받으면서 살아온 탓에 크게 이룬 것도 없고 남의 손가락질을 받을 만큼 잘

못도 없었다. 그러나 실수 없는 인생은 없다. 무엇보다도 나는 그 중요한 '지금'을 놓치면서 살아왔다는 게 뼈아프고 슬프다.

내 마음 한가운데는 텅 비어 있었다. 지금까지 나는 그 빈 부분을 채우기 위해 살아왔다. 사랑할 만한 것이라면 무엇에든 빠져들었고 아파야만 한다면 기꺼이 아파했으며 이생에서 다 배우지 못하면 다음 생에서 배우겠다고 결심했다. 하지만 아무리 해도 그 텅 빈 부분은 채워지지 않았다. 누군가 손가락으로 달을 가리킬 때 달은 보지 못하고 달을 가리키는 손가락만 쳐다보며 살았다.

누군가 인생의 맛을 묻는다면 나는 할 말이 없다. 다만 인생이란 아주 씁쓸한 것만도, 그렇다고 달콤한 것만도 아니지만, 인생은 살 만한 것이라고 말할 수 있다. 이 나이 되니 새롭게 느끼는 변화가 있다.

예전에 보이지 않던 것들이 보인다. 세상의 중심이 나 자신에서 조금씩 밖으로 이동하기 시작한다. 자꾸 아내의 흰머리가 마음이 쓰이고, 파릇파릇 자라나는 손주들이 더 사랑스럽고, 잊고 지내던 친구들 안부가 궁금해지고, 작고 보잘것없는 것들이 더 안쓰럽게 느껴진다. 나뿐만 아니라 남도 보인다. 한마디로 그악스럽게 붙잡고 있던 것들을 조금씩 놓아 간다고 할까, 조금씩 마음이 단순해지는 걸 느낀다.

요즘 의사들이 파업 중이다. 목숨이 경각에 달린 환자들을 병실에 두고 휴업이니 파업이니 한다. 왜 그럴까. 남의 밥그릇보다 내 밥그릇 챙기는 일이 급해서 그런 건 아닌지 모르겠다.

'좋은 의사' 하면 나는 장기려 박사를 생각한다. 북한에 부인을 두고 와서 일생을 홀로 지내면서 가난한 사람을 도와주며 살던 그는 한 인터뷰에서 기자가 유명한 의사라는 호칭을 썼다. 그러자 그가 씁쓸하게 웃으며 대답했다.

유명한 의사가 되기는 그다지 어렵다고 생각지 않습니다. 하지만 진정 '좋은 의사'가 되기는 참으로 어렵습니다.

이런 인생은 변두리 인생이 아니다. 여기서 나는 '좋은 사람'을 생각한다. 어떤 사람이 좋은 사람일까? 대체로 내 인생에서 무슨 일이든 내가 주체가 되어 일을 성사해 본 경험이 별로 없다. 그저 남들이 하자고 하면 곁에 붙어서 있어도 없는 척 그렇게 살아온 인생이다.

하지만 변두리에서도 아름다움은 발견할 수 있다. 중심에 아름답지 않은 것이 무진장한 덕분이다. 그 압도적 다수파에 밀려 겨자씨만 한 아름다움을 찾아 몸을 움츠리며 살아왔다. 작은 물방울이지만 그 물방울이 호수의 중심으로 계속 퍼져 나가 작은 파도가 되기를 희망하면서.

어느 순간부터인가 나는 변두리를 좋아하게 되었다. 변두리의 무미함을, 무표정함을, 몰문화적이고 장식이 없는 날것을 편안하게 여기게 되었다. 흔한 말로 화해한 것이 아니라 변두리가 내 안에 확고하게 자리 잡고 내가 변두리 일부가 되었다. 절대적으로 공감할 수 있는 부분은 아직 클래식보다는 쓰레기 더미가 있는 변두리에 있고, 아름다움은 바로 그에 대한 공감이라고.

나에게 나는 언제나 큰 산이었다. 내가 나를 넘지 못해 늘 안타깝고 초조했다. 변두리 인생이라고 여긴 탓이었다. 이제 나 자신은 넘어야 할 산이라기보다, 좋든 싫든 그냥 보듬어 안고 사는 변두리 인생이라는 생각이 든다. 변두리 인생도 오직 나답게 살면 되는 것이기에.

나의 갈 길

꽃들을 다시 만난 건 꼭 1년 만이었다. 산자락 구들방 창문 너머 여린 가지에서 며칠 전 새끼손톱만 한 붉은 매화 한 송이가 눈에 띄더니, 홍매 청매 할 것 없이 어느새 줄줄이 예전의 그 얼굴을 내밀고 있다. 그 자리에서 다시 피어 있는 꽃이 영롱하고 현란하다.

고향 뒷산 고샅길 옆 평평한 둔덕에는 가족무덤이 따스한 햇볕을 한가득 받으며 무척 평화롭고 다정하게 옹기종기 모여 봄날을 즐기고 있다. 다시 찾아온 봄볕은 따사롭고 고즈넉했다. 가신 분들의 삶이 더없이 소중했고 아름다웠다는 것을 봄날의 풍경이 여실히 일깨우고 있었다.

아침마다 눈을 뜨면, 두 가지 현실이 나를 맞이한다. 그 하나는 오늘 하루를 어떻게 살아갈 것인가? 다른 하나는 오늘 하루를 또 어떻게 '죽어갈' 것인가 하는 점이다. 살아가야 한다는 쪽에 무게를 두면 번잡함 없이 마음이 차분하게 가라앉는다. 하지만 죽어간다는 쪽에 초점을 맞추면 마음이 번잡해지고 불안해진다.

은퇴 후 어느새 16년째에 접어들었지만 나는 스스로 백수라고 여겨 본 적이 없다. 백수라는 말을 달가워하지 않는다. 그 말은 자기가 삶의 주인공이라는 주체성이 빠져 있다. 삶에 백수란 없다. 그러나 공수, 즉 빈손이라는 말은 저항 없이 받아들여진다. 나는 이제 공수 16단이다. 날이 갈수록 내 삶의 '사라짐'과 '마감'에 점점 더 관심이 커지는 걸 느낀다. 내 삶이 그렇게 정처 없이 흘러가는 걸 말없이 지켜보게 된다.

아득히 먼 옛날, 60여 년 전 아버지가 돌아가시기 전 하신 마지막 말씀이 귓전을 맴돌며 마음에 사무친다.

"왜 이리 가는 길이 힘드냐!"

형 뒤에 앉아 울고 있는 나를 실오라기 같은 목소리로 부르시더니 내 손을 잡으셨다. 따뜻한 체온이 느껴졌다. 말없이 나를 바라보시는 눈빛을 보고 나에게 하고 싶은 말씀을 알아들을 수 있었다. 16살 어린 나를 두고 가시는 길이 얼마나 힘드셨는지, 육십 평생 고단한 삶을 이리 표현하신 것 같았다.

아버지의 파란만장한 삶은 격동의 시대만큼 역동적이었으며 치열했다. 여순 사건에 벌교를 점령한 반군은 제일 먼저 한 일이 지주, 군인, 경찰 가족을 색출하여 처형하는 일이었다. 아버지는 지주로 지목 받아 벌교 남초등학교 교정에서 인민 재판을 받았다. 그때 유행어가 '손가락 총'이었다. 일렬로 세워 놓고 지나가면서 손가락으로 지목 받으면 그대로 끌려 나가 소화다리에서 처형되는 절체절명의 와중에서 작은 매형의 기지로 아버지는 간신히 목숨을 건질 수 있었다.

이전의 나를 둘러싼 푸닥거리 같은 삶의 난장들이 마침내 끝장날 때까지, 삶의 가닥을 제대로 가누지 못한 채 맹목적으로 질주해 왔다. 이제야 나는, 산다는 것이 오로지 오늘 하루를 사는 일임을 알아차리기 시작했다. 인생은 높은 탑을 쌓는 일이 아니라 날마다 무심히 흘러가는 강물에 지나지 않는다는 것에 겨우 눈을 뜨게 된 것이다. 나는 지각생처럼 우물쭈물 주위를 두리번거리는 나 자신을 바라보고 있다.

노인 삼반三反이란 이야기가 있다. 밤에 잠이 없어지며 낮잠을 좋아하고, 가까운 곳은 못 보면서 먼 곳은 보고, 손주는 몹시 아끼나 자식과는 소원해지는 걸 말한다. 엊그제 일은 까맣게 생각이 안 나도 몇십 년 전 일은 어제 일처럼 생생하다. 팔랑팔랑하던 젊은 시절은 늘 기쁘고 좋았는데 나이 들자 스쳐 가는 바람에도 공연히 눈물이 난다. 이는 뭔가가 고장 나고 녹슬었다는 증거다. 시계를 작위적으로 되돌리려 들면 원망과 서운함만 쌓인다. 내려놓아야 가벼워지는 나이가 된 것이다.

삶은 결국에는 '사라지는' 일이다. 몸이 떠나는 일이다. 바로 한 달 전 찻집에서 만난 친구가 이제는 없고, 어릴 적 함께 들로 산으로 헤매던 동무들도 머나먼 길 떠나가고 없다. 오직 '나' 하나 남았으나 나도 곧 떠날 것이다. 단 한 사람 예외 없이 적용되는 이 이치에 대해 어이없게도 모두들 '나는 아니다'라고 생각한다.

온 세상을 떠들썩하게 만들었던 인공지능이 제아무리 진화를 거듭한다 해도 이 문제의 해결만은 단연코 불가능하다. 이것은 영원한 수수께끼다. 나는 어디서 왔는지 모른다. 어디로 사라질 것인지 '마지막'에 대해서도 전혀 알지 못한다. '죽은 뒤 맞이할 상황'을 아등바등 상상하면서 스스로를 위안하거나, 두려움과 불안 속에 허우적거릴 뿐이다.

처음에는 내 인생의 종주 배낭을 필요한 물건들로 그럴싸하게 가득 채워야 하는 줄 알았다. 그러나 시간이 흐를수록 배낭 속 물건들은 무겁기만 하고 불필요한 잡동사니가 되었다. 자연스러움이 좋고, 원래의 모양대로가 좋고, 인위적인 변형이나 탈색이 없는 삶이 진솔한 삶이란 걸 깨닫는 데에는 오랜 세월이 필요했다.

내가 거처하는 작은 방 입구에 작은 거울이 걸려 있다. 거울 바로 옆에 윤동주의 〈서시〉를 붙여 놓았다. 아침마다 세수를 마치고 나의 곰삭은 얼굴을 들여다볼 때마다 거울 옆 윤동주가 나에게 말을 건넨다. 나의 시선은 언제나 맨 끝에서 두 번째 줄에 멈춘다.

"나한테 주어진 길을 걸어가야겠다."

오래전에 유명했던 마피아 영화 〈대부〉의 마지막 장면이 불쑥 떠올랐다. 파란만장했던 인생이 끝내 저물어, 늙은이가 되어버린 두목 '콜레오네'는 돌아온 고향 시칠리아 마당 한 구석에서 햇볕을 쬐며 의자에 앉아 혼자 회상에 잠긴다. 그는 지나간 옛일을 떠올리다가 잠시 후 고개를 옆으로 꺾더니 조용히 바닥에 쓰러져 숨을 거둔다. 그 옆을 지키던 강아지가 죽은 콜레오네 주변을 서성거린다. 강아지의 무심함에 콜레오네의 죽음이 대비되면서 강렬하게 각인된다.

돈, 권력, 복수, 사랑 그리고 가족…. 한평생 목숨 걸고 처절하게 매달렸던 모든 일들을 뒤로 한 채 그는 어떤 동행도 없이 홀로 세상을 마감한다.

나는 지금 삶과 죽음의 좌표 어디쯤에 있는 것일까. 나는 지금 어디를 향해 가고 있는 것일까.

영원한 사랑

 지난 6월 초 서울 아산병원에 입원해 대형 복부 수술을 받고 16일 만에 퇴원해 해묵은 노트를 뒤적이다가 미국의 기업가 스티브 잡스가 깊어진 병으로 삶이 시시각각 마감을 향하고 있을 때, 그가 남긴 유언을 읽었습니다.

 어둠 속에서 저는 생명을 연장해 주는 기계의 녹색 빛과 소음을 들으며, 죽음의 신의 숨결이 점점 더 가까이 다가오는 것을 느낄 수 있습니다.
 지금, 이 순간 비로소 저는 깨닫습니다. … 제가 가져갈 수 있는 유일한 것은 사랑의 기억들뿐입니다. 사랑만이 진정한 부유함입니다. … 그것만이 영원히 사라지지 않고 여러분을 따라다니며, 여러분과 함께하며, 여러분에게 계속해서 힘과 빛을 줄 것입니다.

사랑은 끝없이 수천 마일을 여행할 수 있고 사랑엔 한계가 없습니다. '사랑이 하자는 대로', 당신이 가고 싶은 곳으로 가십시오. 그 모든 것은 멀리 있지 않고 당신의 가슴속에, 당신의 손안에 있습니다.

스티브는 이 말을 남기고 우리 곁을 떠나 어디론가 사라졌습니다. 그가 세상에 잊을 수 없는 감동을 남겼고 오늘도 무지개처럼 하늘에서 찬연히 빛나고 있습니다. 그는 우리 곁을 떠났지만, 그에 대한 기억은 여전히 아름다움으로 남아 있습니다. 사라졌기에 그는 자기 삶의 아름다움을 마침내 완성했죠. 한 생애를 마감하면서 그가 남긴 이 글은 작은 조약돌이 되어 내 마음에 잔잔한 파문을 일으켰습니다. 그 파문 위에서 종이배를 탄 듯 조용히 흔들리는 가운데 나는 깨어 있기를 기도합니다. 4년 전 발간한 나의 수필집 중에서 〈고백〉이란 작품 속에 내가 신앙을 갖게 된 동기를 이렇게 밝히고 있습니다.

고등학생이던 내 나이 열여섯 때, 새벽이면 은은히 들려오는 교회 종소리에 이끌려 처음으로 교회를 찾게 되었습니다. 우리 마을에서 처음으로 기독교인이 탄생한 순간입니다. 어느새 고희를 훌쩍 넘긴 나이입니다.

그동안 삶이 순탄치 않았습니다. 우여곡절이 있었고, 그때마다 내 의지가 아닌 보이지 않는 그 어떤 힘에 이끌려 지금까지 평온한 삶을 살아왔습니다.

먼동이 터오는 새벽, 창밖 소나무에 희미한 달빛이 걸려 있습니다. 산다는 것은 늙음을 향하는 길이고 늙는다는 것은 곧 완성으로 가는 길입니다. 나의 인생은 덜 익은 감처럼 떫음이 그대로 남아 있어 지금 하나님 앞에 서면 부끄러움 뿐입니다.

스물한 살, 군대에 입대해서 근 1년 만에 베트남 전쟁터에 파병되고 15개월 동안 최일선 전투 중대에서 죽을 고비를 수없이 넘겼습니다. 작전 중 칠흑같이 어두운 정글에서 적의 기습 공격을 받았습니다. 적 B40 포탄이 바로 옆에서 터져 선임하사와 병사 한 명이 전사했습니다. 그 와중에 나는 머리털 하나 다치지 않고 살아날 수 있었으니 불가사의한 기적이었습니다.

인생을 살아오면서 어렵고 힘들 때가 많았습니다. 그럴 때마다 하나님의 보이지 않는 손길이 날 보호해 주셨습니다. 그런데도 정작 나는 그 모든 일이 하나님의 사랑임을 깨닫지 못한 우둔하기 짝이 없는 사람입니다.

사람이 잘 산다는 건 삶의 매 순간을 충분히 음미하는 것입니다. 성숙엔 아픈 체험이 필수입니다. 아파야 의연할 수 있고, 무엇보다도 아픈 시간을 견뎌내야 이웃을 사랑할 수 있다는 걸 요즘 느낍니다. 그 음미에 '쓴맛'이 빠져서는 말짱 허사입니다. 쓴맛 없이는 단맛도 없기 때문입니다. 인생의 최고 기쁨은 역시 사람끼리 눈빛과 숨결과 온기를 나누는 데 있습니다. 거기 설령 통증이 따라오더라도!

우리 집은 원래 단명한 집안입니다. 부모님은 60대 초반에 돌아가시고 하나뿐인 형은 마흔한 살에 명을 달리했습니다. 형의 마지막 가는 길은 눈 뜨고 볼 수 없는 처절한 형극의 길이었습니다. 쉼 없이 찾아오는 통증은 온 가족을 고통 속으로 몰아넣었습니다. 밤새 한숨도 못 자고 고통을 호소하는 남편을 업어주고 안아주는 형수의 모습을 나는 지금도 잊을 수가 없습니다.

내가 입원 중 의사로부터 "암입니다" 하고 통고를 받는 순간 나는 형의 마지막 모습이 떠올랐습니다. 죽음이란? 마지막 가는 길이 이리도 힘들어서야 어떻게 죽음을 받아들일 수 있겠습니까? 형이 위암 말기에 겪은 극심한 통증은 지금까지 나에게 트라우마로 남아 있습니다.

사람이 산다는 게 무엇입니까. 태어나 몸이 커지고 세상사는 기술을 익히고 혼인하고 자식 낳고 그 자식을 사랑으로 키우는 일과 그 일상 노동에 따라오는 몇 종류의 쾌감을 맛보다 아프고 병들어 홀로 죽는 것? 그게 전부라면 존엄해야 할 인생이 너무 누추합니다. 나는 분명 그것 이상의 어떤 것을 추구하려고 세상에 왔지만, 그 이상도 그 이하도 아닌 어정쩡한 인생을 살아온 느낌입니다.

내일 아침 다시 하루해가 떠오를 때, 내 마음속 심지에 당겨질 첫 촛불이 감사함의 자각으로 조용히 흔들리기를 바랍니다. 나는 그 흔들림으로 여생을 살아가길 원하고 나의 모든 감각이 그곳으로부터 열리기를 소망합니다.

나는 과연 누구일까요? 나는 처음 왔던 그곳으로 돌아갈 겁니다. 나의 삶은 온전히 거기로 되짚어가면서 삶의 아름다움을 최대치로 끌어올리는, 삶에서 가장 절정이 될 '마감'의 문제를 정면으로 응시하면서 여생을 보내고 싶습니다.

사랑은 오래 참습니다. 사랑은 친절합니다. 사랑은 시

기하지 않습니다. 사랑은 교만하지 않습니다. 사랑은 무례히 행동하지 않습니다. 사랑은 자기 유익을 구하지 않습니다. 사랑은 쉽게 성내지 않습니다. 사랑은 원한을 품지 않습니다. 사랑은 불의를 기뻐하지 않고 진리와 함께 합니다. …

그런즉 믿음, 소망, 사랑, 이 세 가지는 항상 있을 것인데 그중에서 가장 위대한 것은 사랑입니다.

－《고린도전서》 13장

그 유명한 성서의 '사랑'에 대한 정의입니다. 사랑은 하나님의 본질입니다. 그러므로 사랑은 영원하고 온전하며 믿음 소망보다 더 크고 위대합니다. 하나님은 그의 사랑을 우리에게 주셨으며 우리에게 서로 사랑하라고 명령하셨습니다.

아름다움은 무채색의 일상에 빛을 쏟아부어 줍니다. 그건 때로 시간을 초월하면서. 여기서 시간이란 과거, 현재, 미래라는 직선적인 개념은 아닙니다. 진정한 시간이란 지금, 이 순간뿐입니다. 나는 오늘도 숲길을 걷습니다. 그 길의 끝은 오직 하나님만이 아십니다. '고독하지만 자유롭게, 자유롭지만 고독하게' 뚜벅뚜벅 걸어갈 것입니다.

수필手筆을 쓰다

봄이 꽃과 새들의 계절이라면 가을은 낙엽과 풀벌레의 계절이다. 바람에 낙엽이 구르는 소리와 풀벌레 소리는 텅 빈 가슴을 울린다. 가을밤 창가에서 귀뚜라미가 울면 한 편의 시를 읽고 싶고, 멀리 있는 친구에게 편지를 쓰고 싶어진다.

지난해 손으로 쓴 편지 한 통을 받았다. 그 신선함이라니. 책장 위에 살포시 올려놓았다. 좋은 글 읽고 깊은 감명을 받았다는 내용인데, 따스한 군고구마를 먹는 기분이 들었다. 당장 전화를 걸어 이야기를 나누고도 싶었지만, 굳이 편지를 보낸 그녀의 마음을 아껴야 할 것 같았다.

그는 문학 동호인으로 시를 쓰는 시인이다. 지난해 말 발간한 동인지에 실린 나의 작품을 읽고 보낸 편지였다. 첫 수필집을 발간하고 전화나 메일로 소감이나 축하 인사를 받은 경우는 많았다. 하지만 손 편지는 처음 받아 보았다. 예전엔 누구나 다 연락을 하려면 편지를 썼고, 빨간 우체통에 집어넣으면서 손끝이 조금 떨리기도 했다. 돌아가는 내내 뒤를 돌아보고, 마음을 우체통 옆에 파수꾼처럼 밤새워 세워두기도 했다.

고교 시절 친한 펜팔이 있었다. 이웃 학교에 다니는 여학생으로 우리는 남들의 눈길이 어려워 만나기보다는 주로 편지를 주고받았다. 그는 나보다 문장이 수려하고 매끄러웠다. 그보다 못한 나의 문장에 허기를 느끼고, 그를 따라 하고 싶은 욕심에 형 책상에 있던 《허클베리 핀의 모험》이라는 소설을 읽었다. 학원사에서 나온 청소년용 문고판이었는데, 겉표지는 노란색이었고 삽화가 들어 있었다. 마크 트웨인의 허클베리는 톰 소여보다 훨씬 재미있었다. 허클베리는 공부 못하고 집은 가난하고 싸움 잘하고 말썽만 부리는 불량청소년이었지만, 미지의 세계에 대한 동경과 모험심으로 가득 차 있었고, 그 동경을 실천할 수 있는 결단성과 행동력을 가진 소년이었다. 이 소설을 읽고 그만 소설 읽는 재미에 푹 빠지고 말았다.

그 옛날 추억들이 되살아난다. 그리움이란 언제든 불쑥 솟아나는 마력을 지니고 있다. 동요 〈오빠 생각〉 한 소절이나 봄이면 뒷산에 화려하게 피던 진달래꽃, 안개 자욱한 고향 산하가 모두 그리움이다. 그곳에 두고 온 그때의 내가 그립다.

연암의 〈고추장의 작은 단지를 보내며〉를 읽다가 낱말 하나가 눈에 들어왔다. 분명 한글은 '수필'인데, 흔히 쓰는 수필과 한자가 달랐다. 호기심이 발동되어 눈을 책에 붙였다. 수필手筆이다. 이것은 편지든 원고든 자필로 된 것들을 말한다. 수필隨筆과는 그 뜻이 전혀 다르다. 언어의 유희랄까.

연암은 《열하일기》를 통해 문학사상 최고 사상가로 명료하게 생각하는 힘, 절제된 언어, 생명력 넘치는 비유, 세상을 따갑게 비판하는 냉철한 문장을 구사했다. 〈매미 소리가 책 읽는 소리에서〉는 "매미가 시끄럽게 울고, 땅속에서 지렁이가 소리 내는 것이 시를 읊고 책을 읽는 소리가 아니라고 어찌 장담하겠는가?"처럼 만물을 동등하게 여기는 자연주의자 연암은 내가 가장 닮고 싶은 멋진 수필가였다.

'김승옥 문학연구회'에서 올해의 과제로 김승옥 선생님의 작품을 원고지에 필사하기로 해 〈무진기행〉을 쓰기 시작했다. 컴퓨터가 나온 뒤 원고를 손으로 쓸 일이 없었던 나는, 학창 시절 써 본 뒤 오랜만에 원고지에 펜으로 쓰니 예전에 느낄 수 없었던 재미가 쏠쏠했다. 손으로 쓴 수필이 이리도 행복하다니. 수필의 콩고물. 나도 내 손에까지 묻은 콩고물을 만져보고 비벼보았다. 그뿐만 아니다. 작품 속에 담긴 작가의 숨은 의도를 새로운 각도에서 살펴볼 수 있었다. 펜으로 직접 글을 쓰면 치매 예방에도 탁월한 효과가 있다고 하니 일석이조가 아닌가. 어쩌다 원고에 쓴 글씨체를 보게 되면, 그 안에 작가가 고스란히 들어 있었다.

숲길에서 나무에 걸려 있는 작은 현수막을 보았다. "도토리는 저의 소중한 식량입니다"라고 적혀 있고 그 옆에 '도토리 저금통'이 놓여 있었다. 다람쥐가 공손하게 말하고, 알뜰하게 저축한다! 그냥 말장난이 아니다. 도토리를 줍던 사람들도 앞으로는 함부로 줍기 어렵겠다는 생각이 들었다.

이런 글이 신선하게 느껴지는 건 어쩌면 우리가 잘 의식하지 못하는 현상을 제대로 보고 있다는 생각 때문이다. 익숙한 나머지 눈길조차 주지 않던 것을 새로운 눈으로 재조명하는 것이다. 나의 수필도 삶의 관성이나 통념 같은 일에 거리를 두고, 이처럼 새로운 눈으로 바라보는 글이 돼야 한다.

수필은 삶을 조명하는 글이다. 바람과 파도의 외침, 땅이 내쉬는 깊은 한숨이며, 그 모든 소리를 함축하여 수필로 빚어낸다. 어쩌면 수필을 쓴다는 건 지난날의 고통과 불행을 다시 소환하는 일인지도 모른다. 그걸 함축된 언어와 이미지로 녹여 낸다는 뜻이다. 그런 맥락에서 수필은 사물과 인생의 축소판이라 할 수 있다. 원고지 15매 내외의 짧은 글이라고 우습게 볼 일은 아니다.

수필은 언어의 춤이고, 사유의 무늬이며, 생명의 약동이다. 말과 언어는 그걸 쓰는 자의 인격과 성정을 비추는 거울이기에 시간이 흐를수록 글 쓰는 일이 어렵게 느껴진다. 그래도 셀 수 없이 수많은 밤 고독을 집약하고, 살아온 삶을 회상하는 일은 여생을 더욱 보람되게 보낼 수 있는 밑거름이라 생각한다.

수필은 인간 내면의 세계를 책이라는 작은 틈을 통해 영겁의 세계에 접속하는 행위가 아닐까. 내가 바로 이야기이고, 이야기가 바로 '나'다. 이야기의 세계는 끝이 없이 무한하다.

겨울은 온통 흰색과 검정으로 수렴된다. 겨울의 소리는 어떨까? 겨울만이 낼 수 있는 소리가 있다. 싸락눈이 가랑잎에 내리는 소리, 첫눈을 밟고 오는 발걸음 소리. 추운 날 떠나버린 옛 친구의 다정한 목소리가 들려온다. 나는 그 소리들을 수필에 겨울의 무채색으로 그려 넣고 싶다.

나의 푸른 인생은 어느새 가을의 단풍처럼 붉게 물들어 있다. 인생무상을 절실히 느끼지만, 수필을 쓰는 한 나는 젊은 영혼이다.

나는 왜 쓰는가? 뭇 사물들과 함께 흔들리기 위해서다.

2부
깊은 여행

천년 고도 시안
생각하는 정원
술에 취한 바다
원추리꽃
깊은 여행
성산 일출봉
눈 위의 발자국
시월의 노래
장무상망長無相忘

천년 고도 시안

중국의 5,000년 역사를 보려면 시안西安을 가보라는 말이 있다. 실크로드의 시발지인 시안은 죽기 전에 꼭 가보고 싶은 나의 버킷리스트였다. 당나라 때 장안으로 불린 시안은, 비옥한 관중 평야의 웨이허강 이남에 위치해 일찌감치 중국 문명의 발상지로 꼽히는 곳이다. 주나라를 포함 진, 한, 당 등 13개 왕조가 1,100여 년 동안 수도로 삼았던 고풍스러운 도시이며 지하 박물관이라 할 정도로 유적이 많다. 이탈리아의 로마, 이집트의 카이로, 그리스의 아테네와 함께 '세계 4대 고도'로 선정된 도시이다.

첫날, 시안 시내 비림碑林 박물관 관광에 나섰다. 비림은 송나라 때부터 수집한 비석 1,000여 점을 보유하고 있다. 총 7개 전시실에 진나라부터 당나라까지의 국보급 서예 작품들이 총망라되어 있다. 글과 그림을 새긴 비석들이 열대 우림처럼 들어서 있어 '비림'으로 불린다. 한자를 예술로 승화시킨 서법은 한자 문화권을 대표하는 독특한 문화로, 서예에 관심 있는 여행자라면 결코 놓쳐서는 안 될 명소이다. 서성書聖이라 칭송받는 왕희지, 서예를 공부한 사람이라면 누구나 모범으로 삼는 구양순, 당대 해서의 모범이 된 안진경, 우리나라 서예에 큰 영향을 끼친 조맹부 등 저명한 중국 서예가들의 필체가 이곳에 모여 있다.

이틀째, 비가 부슬부슬 내리는 가운데에 당 현종과 양귀비의 로맨스가 서려 있다는 별궁 화청지華淸池를 찾았다. 당 현종과 양귀비의 전용 목욕탕인 '해당탕' 등 흥미로운 구경거리가 많았다. 산시성은 시안시의 동쪽 '여산' 아래 위치하고 북으로는 위수를 마주하고 있다. 지금도 43도의 온천수가 샘 솟는다고 한다. 절세미인 양귀비의 나신 석상의 요염한 모습이 뭇 사내들의 눈길을 끈다. 미인 단명이라 했다. 나라를 말아먹고 나이 37세에 시녀의 손에 의해 비단으로 목 졸려 죽었다고 한다.

비가 부슬부슬 내린다. 이번 여행의 정점인 진시황 병마용 兵馬俑 박물관을 찾았다. 진시황제는 자신의 묘지 주위에 병마용을 만들고, 만리장성을 쌓고, 나라마다 다른 문자들을 지금의 문자(한자)로 통일하고, 지방 권력을 타파하고 중앙집권제를 확립했다. 그도 인간인지라 죽음을 피하려고 서불 徐市에게 영주산(한라산) 불로초를 구해 오라고 명령한다. 서불은 동남동녀 500명을 거느리고 영주산에서 불로초를 구하고 진나라로 돌아가면서 제주 정방폭포 암벽에 '서불과지 徐市過之'라는 마애명을 남겼다고 전해진다.

세계문화유산으로 등재되고, 세계 10대 불가사의 걸작품으로 선정된 진시황 병마용은 2,000여 년의 유구한 세월이 흘렀어도 장엄하고 웅장한 위용은 변함이 없다. 실물 크기의 군 마상은 현재까지 8,000여 구가 발굴되어 갱 안에서 11줄오와 열을 맞춰 열병 자세를 취하고 있다. 쭈그려 앉은 병사의 나막신 바닥이 미끄럼 방지가 되어 있을 정도로 섬세하고, 병사들의 얼굴은 각각 다른 모습으로 생동감이 있고 표정이 살아 있다.

그걸 바라보면서 영원은 무한한 자유의 다른 이름이라는 걸 깨닫는다. 바로 이 순간이 영원이고, 또한 영원은 눈앞의 실존적 현실이기도 하다. 그 존재의 영원한 허무를 사진에 담는다. 그들의 모습은 시간 속에 사라질지라도, 사진 속의 그 순간만은 어쩌면 영속할지도 모른다.

갱은 1호, 2호, 3호까지 발굴 공개되고, 미발굴된 갱은 그대로 두고 개발은 후손에게 맡긴다고 한다. 모든 게 온전히 갖춰진 한 시대의 역사적 자취에서 그 시대 사람들의 향기가 나는 것 같다. 나는 그 향기를 맡는다. 부드러운 흙이 빚어낸 찰나의 향이다. 그들은 죽어서도 살아 있는 것처럼 나의 혼을 흔들고 있었다. 순간 속에 영원을 머금은 황홀경이다.

중국을 통일한 황제답게 그의 능에는 슬픈 사연이 전해져 내려오고 있다. 황제의 장례가 끝나고 무덤 공사에 참여한 관리 노예 등 모든 사람이 진시황과 함께 순장되었다고 한다. 한 사람의 영생을 위해 그 많은 사람이 함께 죽어야 했다니 할 말을 잃었다. 그 원혼들이 지금도 구천을 떠돌고 있는 것 같았다.

죽음 이후를 사유思惟하는 동물은 인간뿐이라 한다. 이런 무덤은 죽지 않고 영원히 살고 싶은 인간의 태생적 내세관을 보여주고 있다. 하늘을 쓸며 지나가는 산바람의 울음소리가 들리는 듯, 내 등짝에 설렁한 기운이 내려앉는다. 무덤이라 할 수 없을 정도로 큰 산 능선에 가득한 소나무들이 바람에 흔들리며 비통한 애조를 남기고 있다. 능이라고 보이지 않았던 덕분에 시안의 모든 고분이 도굴되었어도 진시황 능은 찬연한 그 순간이 그대로 남아 있을 수 있었다.

진시황이 남긴 이 유적들은 과거와 현재, 미래를 연결해 놓은 것 같다. 순간과 영원은 지극히 인간적인 개념일 뿐이다. 그때나 지금이나 산하는 의구한데, 그 시대의 호방한 인걸은 간 곳 없으니 '객관적 역사는 없다'라는 말이 실감으로 다가온다. 역사의 아이러니가 아닐 수 없다. 비 내리는 길, 나뭇잎을 휘감는 애잔한 바람 소리에 헛된 꿈 같은 삶의 의미를 되새김한다.

여행 마지막 날 오른 화산華山은 중국 오악五嶽 중 하나로 중국의 섬서성 남쪽 진령산맥에 있다. 화산은 높이 2,437m의 험준한 바위산으로 조양봉, 낙안봉, 연화봉, 운대봉, 옥녀봉의 다섯 봉우리가 우뚝 솟아 있다. 연화봉(서봉)까지 오르는 곤돌라가 흔들리는 배처럼 내리막 오르막을 반복하니, 악산의 진경이 한 폭의 수묵화처럼 눈앞에 펼쳐졌다.

정상에 오르니 가슴이 탁 트이고 시원한 바람이 온몸을 적신다. 위하평원을 가로질러 황하가 유유히 흐르고 있다. 이제 운대봉으로 내려가야 한다. 능선의 산세가 장엄하다. 나는 절벽을 따라 돌계단을 내려간다. 한 걸음을 옮길 때마다 두려움에 떨었다. 당나라 황제들이 연화봉에서 하늘에 제사를 지내기 위해 이 계단을 만들었다고 한다. 그 길을 나는 내려가고, 수많은 중국인이 마치 개미 떼 행렬처럼 긴 줄로 오르고 있다. 그들은 천상으로 오르고, 나는 지옥을 향해 내려가고 있는 것처럼 보였다.

  연화봉에서 다시 곤돌라를 타고 원점인 화산으로 내려왔다. 갑자기 외롭고 허전한 기분이 온몸을 감싼다. 불과 몇 시간 전에 험산을 헤매던 순간들이 꿈결처럼 느껴진다. 나의 인생도 살아오면서 순간의 중요함을 깨닫지 못했다. 지나고 나면 인생이 순간의 꿈같을 것임을 어렴풋이 깨닫는다. 내 삶의 기쁨도 고통도 결국은 모두가 꿈같으리라. 꿈.

생각하는 정원

 봄이 저만치서 손짓하고 있다. 제주 동백수목원을 걷는다. 온갖 나무들이 하늘을 향해 힘차게 발돋움하느라 산이 후끈거린다. 길가에는 동백꽃이 송이채 떨어져 길 위에 뒹굴고 있다. 꿈길을 걷는다. 거기 내가 있다. 마음이 바람 따라 이리저리 날고 있다.
 바람이 불어온다. 하늘로 날아갈 듯 가벼워진 마음은 꽃들과 함께 신나게 춤춘다. 나는 숲길에서 길을 잃은 사람처럼 한참을 우두커니 서 있었다. 참으로 고요한 시간, 꿈이 없다면 인생이 얼마나 지루할까. 의미 있는 인생은 기다림이 있기 때문이다. 한겨울을 나면서 봄을 얼마나 기다렸던가.

입추가 지나고 찾은 제주, 동백꽃 대궐이다. 우리나라 토종 동백은 어느 유행가 가사처럼 '눈물처럼 후드득 지는 꽃'이지만 요즘 제주의 동백동산에서는 애기동백의 꽃잎이 한 장 한 장 나비처럼 흩날려 진분홍 카펫을 펼쳐낸다. 그만큼 제주 겨울 여행의 백미가 동백꽃이다. 전통의 '카멜리아힐'과 '동백수목원'을 비롯해 최근 생긴 '가시림'과 '동백포레스트' 등이 동백 명소로 꼽힌다.

서귀포시 표선면 가시리 '가시림'을 찾았다. 시간을 더한 마을이라는 뜻의 가시리加時里는 말을 키우던 목장이 넓게 자리하던 곳이다. 이곳 '생각하는 정원'은 제주의 새로운 민간 정원이다. 분재 꽃 화분의 신묘하고 아름다움을 마음껏 즐길 수 있는 꿈의 정원이기도 하다.

봄같이 따뜻한 겨울 날씨 속에 피었던 동백꽃이 폭설을 맞아 얼고 상했다. 제주 자생 나무인 구실잣밤나무가 기후 위기로 고사하는 일이 생겨나는 가운데 동백도 안심할 수 없는 상황이다. 기온상승으로 변덕이 심한 날씨 때문이다. 동백나무는 동박새가 꽃가루를 운반해 주는 조매화鳥媒花이다.

눈 위에 떨어진 동백은 애련해서 아름다웠다. 동백의 꽃말은 진실한 사랑, 겸손한 마음이다. 꽃 한 송이 전체가 뚝뚝

떨어지는 토종 동백의 기개와 살랑살랑 꽃잎을 날리는 애기동백의 퇴장은 느낌이 크게 다르다. 그러나 사랑의 형태가 다를 뿐, 속마음은 다르지 않을 것이다. 그들은 어디에서 무엇이 되어 다시 만날까.

가시림에는 300여 그루의 동백나무만 있는 게 아니었다. 60여 그루의 황금 메타세쿼이아 터널, 카페 앞 삼지닥나무와 금 감자, 이끼 볼 등 반려 식물을 다량으로 재배하면서 정원의 향유층을 젊은 세대로 넓히는 모습이었다. 정원 안쪽에 병풍처럼 둘러싼 동백나무들 뒤로는 제주 자생 나무인 멀구슬나무, 종가시나무, 후박나무가 이끼들과 어우러져 있었다. 곶자왈 숲을 걷고 있는 착각이 들 정도였다. 흰배롱나무 밑에 산수국과 목수국이 섞여 심어진 모습을 보니 다가올 계절들이 마음속에 그려졌다. 스산한 바람이 옷깃을 스치면 떠오르지 않던 한 구절의 시詩도 저절로 나오고 잊어버린 얼굴도 떠오른다.

서귀포시 중문관광단지 그랜드조선 제주의 오름 정원도 잘 알려지지 않은 동백 명소다. 햇볕이 잘 들어 중산간보다 동백이 여전히 싱싱한 모습이었다. 제주의 오름을 형상화한 오름 정원에는 물 없이 돌을 배치한 일본식 정원도 있다. 여름철에는 '수국 맛집'이라고 한다.

걸매생태공원은 초행이었다. 중문에서 천지연 폭포 근처의 이 공원으로 향하는 도로 양옆은 온통 빨간색이었다. 제주의 겨울에는 동백만 있는 게 아니었다. 먼나무의 빨간 열매가 도로를 환히 밝힌다. 멀리에서 보면 열매가 아니라 빨간 꽃 같다. 그래서 먼나무의 이름 풀이 중에는 '멀리에서 보아야 제격인 나무'라는 뜻도 있나 보다. 이곳은 관광객보다는 도민들의 일상 공간인 듯 보였다. 아침 조깅족들이 "저기에 매화가 있어요"라고 친절하게 안내해 주었다.

우리나라에서 가장 빨리 매화꽃 향기를 전하는 장소 중 한 곳이었다. 대개는 2월 초순 꽃망울을 터뜨리는데 역시나 올해도 빨랐다. 연분홍색 '꽃 팝콘'이 풍성했다. 아치형 다리 밑 물가에는 오리들이 헤엄치고, 노란색 유채꽃도 피었다. 찬란한 봄빛, 감동이었다. 이 한순간을 만나기 위해 나는 달려온 것이다.

오설록 찻집에 들렀다. 시간이 없는데 딱 한 곳, 제주를 느끼러 간다면 어디로 갈까, 라고 누군가 묻는다면 추천하고 싶은 장소 중 한 곳이 서귀포시 안덕면의 오설록이다. 전면에 유리 통창을 배치해 제주의 돌과 식물을 감상하며 한라봉과 녹차 음료를 마실 수 있게 한 공감각적 공간이다.

오설록에는 봄을 알리는 구근식물인 제주 수선화가 만발

했다. 그 옆 제주 백서향의 은은한 향기는 너무도 황홀해 온
종일 앉아 있고 싶었다. 땅을 덮은 보라색 해국도, 겨울에도
싱그러운 초록 기운을 전하는 서광 차밭도 반가웠다. 봄은
그렇게 고양이처럼 감각적으로 오고 있다.

제주에는 꽃을 주인공으로 내세우지 않은 정원도 지난해
말 문을 열었다. 서귀포시 남원읍의 '담소요'다. 오롯한 쉼을
내세운 이곳에서는 현재 '헬로, 윈터'라는 전시가 열리고 있
었다. 정원 분야 명저 중 하나인 카렐 차페크 작가의 《정원
가의 열두 달》 책을 주제로 한 작은 전시다. 꽃보다는 풀을
많이 심어 사색의 정원을 표방한 이 정원에는 '모짜', '렐라',
'체다'라는 이름의 오리 세 마리도 산다.

서귀포시 안덕면 본태박물관은 한국 전통공예의 미래가
치를 탐색하는 품격 있는 공간이다. 조선 시대 양반가 부녀
자가 신던 당혜에도, 옛 베개에도, 책가도에도 꽃 자수와 꽃
그림이 있었다. '아, 여기에도 꽃이 피었구나.' 이곳에서는 상
설 전시 외에도 이달 말까지 현대미술의 거장 '구사마 야요
이' 특별 전시가 열리고 있다.

제주는 나에게 언제나 새로운 모습을 보여 주며 나를 흔들
어 깨웠다. 숲이 발산하는 피톤치드, 음이온 향기가 진동한
다. 섬, 큰 동산은 나날이 조금씩 우거지고 조금씩 짙어간다.

그때마다 바다와 숲, 꽃잎이 일렁인다. 사흘 동안 제주의 하늘빛이 수십 번 바뀐다. 바다의 빛깔도 수시로 바뀐다. 한 가지 확실히 섬에서 내가 보고 싶은 것은 이 모든 변화의 배경인 바로 바람의 색깔이었다.

하늘은 한없이 청명하다. 비양도 바닷바람이 몸을 감싼다. 모래사장에 한 걸음 더 다가갔다가 나온다. 오색 무지개 바다가 아쉬워 다시 돌아본다. 언제 다시 올까. 바다에서 떠돈다는 '이어도'는 더 이상 섬이 아니다. 내 마음속에 바람으로 옮겨왔다.

술에 취한 바다

하늘빛 물빛이 시릴 만큼 푸른 가을 아침이다. 지난여름의 폭염은 가히 상상을 초월할 만큼 혹독했다. 계절이 바뀌면서 서늘한 바람이 겨드랑 밑을 파고들자 불현듯 제주 바다가 보고 싶어졌다.

한라산은 한 권의 잠언집이다. 선작지왓 평원에 서서 한라산 남벽을 바라보면 나는 내 안의 속인을 버리게 된다. 고목을 텅텅 내리꽂는 새의 부리, 이끼 낀 주상절리의 고태미故態美는 나도 그렇게 단단하게 오래 늙어가라고 말하고 있는 듯하다. 평원이나 길섶에 있는 둥 마는 둥 낮게 엎드려 피어 있는 한 송이 풀꽃이 눈에 띈다. 아니, 그 꽃이 먼저 구름 낀 나의 눈꺼풀을 열어 주었다.

나는 제주에서 가을 해변의 길손이 되어 며칠을 걷고 있다. 아름다움은 멀리 있는 추상이 아니라 내 곁에 있는 구체란 말이 떠오른다. 어느 수필가는 이 느낌을 '도상의 황홀경'이라고 했다.

제주 절물 자연 휴양림을 홀로 걷는다. 하늘을 찌를 듯 솟아오른 편백 삼나무 사이로 난 오솔길을 따라 여유롭게 발걸음을 옮기면서 산림욕을 즐겼다. 어느새 오름 정상이다. 시원하게 트인 전경이 눈앞에 펼쳐졌다. 분화구 능선을 한 바퀴 돌고 나자 몸과 마음이 한결 상쾌했다. 여행의 묘미는 이 맛에 있다. 코로나 사태로 친구도 만날 수 없고 집에만 갇혀 있다 나선 길, 시원한 바람이 옷깃을 스치니 창공을 나는 새처럼 자유로웠다.

사려니숲길에 들어섰다. 편백 숲 정기를 마시며 걸으니 저만치 노루 한 쌍이 걷고 있다. 휘파람새도 경쾌하게 나무 사이를 휘젓고 다닌다. 아이 손을 잡은 젊은 부부도, 삼나무도 서어나무도 함께 걷는다. 마음의 문이 열리니 풍경을 보는 눈이 새로이 떠지며 모든 사물을 끌어안는다. 풍경을 사색으로 윤색할 수도, 한곳으로 응집할 수도 있어서 좋다. 온몸으로 걸으니, 행복한 감정이 벅차오른다.

광치기 해변에서 일출봉을 바라본다. 삶의 지혜를 품은 바다, 오늘은 단단히 화가 난 표정이다. 하얀 물기둥이 솟구쳐 올라 덮칠 듯 달려들어 깎아지른 벼랑의 바위를 인정사정없이 물어뜯고 있다. 파도는 자연의 오염을 묵묵히 감내하고 있다가 분노를 터뜨리고 있는 것이 아닌가 하는 생각이 들었다.

나이 드니 눈물이 많아졌다. 마음이 약해져서 그런가. TV에서 슬픈 장면이나 감동적인 장면이 나오면 금세 눈물이 고인다. 그럴 때면 나는 이렇게 달랬다. 이다음 제주 성산포 바다에 가서 실컷 울자. 정말이지 나는 바다에 가서 울고 싶었다. 그러나 막상 광치기 해변에서 일렁이는 바다를 하염없이 바라보아도 눈물이 나오지 않았다.

파도에 젖은 모래톱에서 천진난만하게 웃고 노는 엄마와 어린아이들만큼 생명력 있고 역동적인 모습을 다른 곳에서 보기는 힘들다. 바다를 향한 아득한 욕망들을 아이들도 본능적으로 알고 있는 것일까. 바다는 생명의 기원이다. 오랜 시간 생명체는 바닷속에서 다양한 형태로 진화했고, 그 가운데 일부는 육지로 올라왔다. 영역의 확장은 그들에게는 아주 점진적인 형태였겠지만 후대의 우리가 보기에는 혁명적인 변화를 동반했고, 나는 지금도 그 흔적으로 바닷물을 피와 세포액으로 간직한 채 뭍에서 살고 있다. 어느 화학자의 말처럼 인간은 '걸어 다니는 한 자루의 바닷물'이라 바다를 항상 그리워하는 건지도 모른다.

섭지코지 찻집에 앉아 바다를 바라보며 내가 처음 바다를 만난 적이 언제였을까 생각했다. 나와 바다가 알게 된 건 엄마의 태중이 아닌가 싶다. 엄마는 뱃속의 나를 품고 벌교만 바닷가에서 고막을 잡고 해산물을 채취하셨다고 한다.

나는 태중에서 엄마의 귀를 통해 파도와 갈매기 노랫소리를 들었으며, 엄마의 코를 통해 바다 내음을 마셨고, 눈을 통하여 해가 뜨고 지는 바다를 보았을 것 같다. 그래서일까. 일 년에 몇 번씩 성산포 바다를 보지 않고는 견디질 못한다. 일출봉 바위를 때리는 파도가 그저 내 몸과 마음에 묻은 때 자국이나 소금물로 깨끗이 씻어 주었다.

흰 거품을 입에 물고 모든 걸 집어삼킬 듯 일렁이는 파도를 하염없이 바라보니 성산포를 사랑한 이생진 시인의 〈술에 취한 바다〉가 떠오른다.

성산포에서는
...

나는 내 말만 하고
바다는 제 말만 하며
술은 내가 마시는데
취하긴 바다가 취하고
성산포에서는
바다가 술에
더 약하다

성산포 바다처럼 나도 술에 취하고 싶다. 술에 취해 흥얼거리고 싶다. 술에 취해 고래고래 소리 지르고 싶다. 평생 가슴속에 쌓인 세월도 회한도 모두 다 토해 내고 싶다. 시인은 성산포의 맑고 파아란 바다를 사랑했다. 바다 냄새를 좋아하고, 파도 소리 일렁이는 일출봉을 좋아한 시인의 마음이 내 마음에 스며든다.

곶자왈 도립공원 숲길은 가을이 저무는 소리가 들리는 듯하다. 쉼 없이 걷는 길이 곧 인생길이다. 걷기는 자신과의 치열한 싸움이다. 몸은 피곤해도 온갖 상념은 사라지고 마음은 그지없이 호젓하다. 머릿속에 바람개비가 돈다. 그리움이나 회한, 이 모든 게 시간 속으로 사라지고 있다.

숲속 늙어 죽은 고목과 분해자의 은유를 읽게 되면서 내

메마른 영혼에 고요가 스며든다. 죽어도 죽은 게 아니다. 수많은 곤충과 벌레에게 몸을 내어 주고 태연히 누워 있는 모습에서 오묘한 자연의 섭리를 깨닫는다. 종일 걷다 보니 종아리에 힘이 붙고 머리는 사색의 골이 열리는 것 같다. 굽이굽이 숲 사이를 졸졸 흘러가는 골짝 물에 나를 띄워 멀리 보내고 싶다.

숲은 적막이 흐른다. 자연이 선사하는 자유로움, 도도한 변화의 흐름에 인생무상이 뼈저리게 느껴진다. 숲의 끈질긴 생명력은 겨울 문턱에 선 나에게 그 무엇도 줄 수 없는 무한한 위안을 주고 있다. 자연의 원리에 순응하면서 끊임없이 변화하는 숲의 지혜가 경이롭다. 노후를 섬, 제주에서 이 숲과 함께 보내고 싶은 마음이 간절하다.

원추리꽃

지리산 노고단 정상에 섰다.

노고단은 천왕봉, 반야봉과 더불어 지리산의 3대 주봉 가운데 하나이다. 장엄한 지리산 연봉은 짙은 연무에 숨어 그 장관을 볼 수 없어 아쉬웠다. 노고단은 봄의 철쭉, 여름의 원추리, 가을의 단풍, 겨울 설화가 아름답고 옛날 지리산 신령인 산신 할머니[老姑]를 모시던 곳이며, 맑은 날에는 저 멀리 천왕봉까지 조망할 수 있다.

지리산 자락 천은사 도계암을 지나 굽이굽이 산길을 올라 성삼재에 도착했다. 시원한 바람이 가슴을 파고든다. 이번 산행의 들머리인 성삼재는 마한 때 성씨가 다른 세 장군이 지켰다고 하여 불리던 이름이라고 한다. 건너편 반야봉이 안갯속에 누워 잠자는 듯 보였다. 노고단 대피소를 지나 고개에 이르니 가슴이 확 트였다. 천왕봉으로 가는 갈림길이다. 고개에서 노고단 정상까지는 약 400m 정도의 거리이다. 오르는 길 양옆 숲에는 붉은 말나리꽃, 산수국, 일월비비추, 동자꽃이 피어 우리를 반긴다. 그런데 정상이 가까울수록 정작 우릴 반갑게 맞아 주어야 할 원추리꽃이 보이지 않았다. 웬일일까?

지난해 노고단 정상 부근은 원추리가 군락을 이루며 자생하고 있었다. 마땅히 활짝 피어 우리를 반겨야 할 원추리꽃이 한 송이도 보이지 않는다. 다소 늦은 8월 중순쯤 이곳에 올랐을 때도 듬성듬성 피었던 꽃이 다 어디로 간 것일까? 노랑원추리는 잎만 무성하고 꽃대가 보이지 않았다. 일행의 의견이 분분했다. 극심했던 봄철 가뭄 탓일까? 아니면 기후 온난화 때문이 아닐까? 원추리는 해발 1,000m 이상 고지대에 자생하는 식물이므로 온난화 때문이라는 주장이 설득력이 있었다. 오늘 산행 목적은 원추리꽃이었다. 뜻밖의 상황에 모두가 영문을 몰라 어리둥절했다.

원추리는 오랜 옛날부터 가난한 백성들의 사랑을 받아 온

꽃이다. 조선 시대 사전인 《물명고物名考》에는 '원쵸리'라 하고 중국명인 '훤초萱草'에서 유래한 것으로 알려져 있다. '훤초'는 '근심을 잊게 한다'라는 뜻의 이름이다. 조선 시대에도 원추리를 나물로 무쳐 먹었다는 기록이 있는 것으로 보아 오래전부터 식용으로 사용되었던 것으로 보인다. 7~8월에 꽃줄기 끝에서 가지가 갈라져 백합 비슷하게 생긴 6~8개의 등황색 꽃이 총상꽃차례를 이루며 핀다. 꽃밥은 노란빛을 띠는 선형이다. 꽃은 아침에 피었다가 저녁에 시들며 계속 다른 꽃이 달린다.

원추리는 재미있는 다른 이름이 많다. 지난해 나온 잎이 새순이 나올 때까지 남아 있어 마치 어린 자식을 보호하는 어미와 같다고 하여 모예초, 임신한 부인이 몸에 지니고 있으면 아들을 낳는다고 하여 의남초, 사슴이 먹는 해독초라 하여 녹총, 근심을 잊게 한다고 하여 망우초라고도 한다. 또한 예전에 어머니를 높여 부를 때 훤당이라 하였는데 여기서 '훤'은 원추리를 뜻하며 당시 풍습에 어머니가 거처하는 집의 뜰에 원추리를 심었다 해서 붙여진 이름이다.

수년 전 일이다. 어느 여름날 노고단에서 처음 본 원추리 군락의 아름다운 모습은 가히 황홀경이었다. 여름이면 뒤란 그늘에 주홍빛 꽃을 곱게 피우던 봉선화며 백일홍처럼 누님의 꽃으로 마음에 새겨져 있는 원추리꽃을 볼 수 있다는 설렘을 안고 매년 비지땀을 흘리며 올랐던 노고단이 아니었든가.

원추리의 수난은 이곳뿐만 아니다. 지난해 여름 덕유산을 찾았을 때 중봉 평전에 군락을 이루고 있던 원추리가 사라지고 없었다. 4~5년 전까지만 해도 그 일대에 원추리꽃이 장관이었다. 원추리 개체가 영영 사라지고 없어진 것만 같아 허망했다.

노고단에서 성삼재까지 내려오는 길은 에움길을 택했다. 에움길은 지름길을 피해 빙 둘러서 돌아가는 먼 길이다. 정상에서 성삼재까지 4.2km의 에움길을 일행과 떨어져서 홀로 걸었다. 8월의 숲은 짙은 초록으로 싱그럽다. 산은 고요하고 계곡에 흐르는 물은 아이처럼 맑다. 울창한 숲에서 불어오는 바람이 어찌나 신선한지 상쾌하다. 나는, 원추리꽃이 보이지 않는 이유가 궁금해서 국립공원 관리사무실에 들러 물었다.

"노고단 원추리꽃이 왜 보이지 않습니까?"

뜻밖의 대답을 들었다. 이 일대에 서식하는 노루 때문이란다. 노루가 연한 꽃대를 잘라 먹어 꽃이 없다니 어안이 벙벙해질 따름이었다. 앞으로 노루 개체 수는 늘어날 것이니 영영 수려한 원추리꽃을 볼 수 없단 말인가? 자연은 춘하추동 사계절 끊임없이 순환한다. 세상에 태어난 생명은 때가 되면 어둠 속으로 자신의 존재를 지우는 것이 자연의 섭리이다. 그렇긴 해도 안타까운 마음이 들어 공원 관리원에게 따지듯 물었다.

"무슨 방법을 동원해서라도 원추리꽃을 살려야 할 것 아닙니까?"

"그걸 무슨 수로 막는다는 말입니까?"

대답을 듣고 보니 어리석은 질문이었다.

여름이면 고향의 옛집 장독대 옆에 피어나는 봉선화. 누나는 그 봉선화 꽃잎을 따서 손톱을 예쁘게 물들이고 내 손톱도 물들여줬다. 밤이면 짙푸른 밤하늘에 쏟아져 내리는 별똥별을 바라보며 평상에서 모깃불을 피우고 듣던 엄마의 구수한 구전설화, 그 낭만적인 여름은 영원히 사라져간 옛 그림자일 뿐이다. 우리를 즐겁게 해주던 노고단 원추리꽃이 우리 곁을 떠났다. 머지않아 가을이 오고 겨울이 올 것이다. 나는 삶의 무상을 뼈저리게 느끼면서 산길을 뚜벅뚜벅 걸었다. 거친 산맥을 넘어가는 구름도, 바람결에 춤추듯 너울거리는 나무도, 길가에 홀로 핀 동자꽃도 눈물겹도록 애틋하다.

깊은 여행

여름은 젊음의 계절이다. 제주의 봄, 여름, 가을, 겨울은 다른 곳에서 찾아볼 수 없는 색다른 풍경이 있다. 그 사계 중 나는 여름을 가장 좋아한다. '름'이라고 발음할 때 혀가 입천장을 부드럽게 스친 후 입술이 닫히며 마무리되는 발음이 이 섬의 푸름과 잘 어울린다. 이처럼 이 섬에서만 느낄 수 있는 자연 그대로의 아름다운 모습에 반해 자주 찾는다.

누구든 나이 들면 '녹색갈증'이 커진다고 한다. 숲이 주는 자연 항암제 때문이다. 요즘 불치병에 걸려 숲을 찾는 사람들이 많다. 노을빛 짙은 오랜 연륜의 숲에서 바람에 실려 오는 숲 향은 제주 곶자왈 숲에서만 느낄 수 있는 상쾌함이다.

이맘때가 되면 나는 한라산 중산간에 있는 '치유의 숲'에서 하루 이틀 보내곤 한다. 시원한 바람이 좋고 나뭇잎이 바람에 살랑거림이 좋고, 나무 잎새 사이로 파고든 산뜻한 햇빛이 숲에 스며 있는 습기에 부딪혀 산화하는 모습이 아름다워서다.

《더 뉴욕커》의 기자인 토니 히스는 《깊은 여행》이라는 저서에서 "여행은 자신을 되찾게 하고 오래되고 선천적인 고정관념을 바꾸게 하는, 깨어 있는 의식의 변종"이라고 말했다. '여행이 깨어 있는 변종'이라는 말이 '나'를 놀라게 한다. 변종은 같은 종류의 생물 가운데 변이가 생겨 성질과 형태가 달라진 종류, 즉 돌연변이를 말한다. 나는 사주팔자에 역마살이 끼어서인지 젊어서부터 즐긴 여행을 여든이 되도록 계속하고 있으니 '변종'이 아닌가 싶다.

여행이 주는 색다른 느낌이 좋다. 일상에서 벗어나는 '자유'가 좋고, 나아가 지친 삶에 불어넣어 주는 '생기'가 좋다. 여행은 어찌 보면 달빛 같다. 자주 보는 풍경이 전혀 새로운 모습으로 다가온다. 숲을 걸으면서 이번에는 무엇을 얻게 될지, 또 어떤 변화가 일어날지 마음을 설레게 한다.

'치유의 숲'에 풀꽃이 다소곳하게 피어 있다. 풀꽃은 약해 보이지만 체질이 강하다. 풀꽃이 저절로 피는 것처럼 보여도 엄동설한의 긴 겨울을 이겨낸 뿌리, 줄기, 잎이 없었다면 어찌 아름다운 꽃을 피울 수 있을까. 모진 바람에 얼마나 시달렸는지 비스듬히 누워 있는 풀꽃에서 질긴 생명력을 읽는다. 짙은 정적이 흐르는 숲은 시간이 잠시 정지되어 있다. 울창한 활엽수림이 내뿜는 싱그러운 향기가 뼛속 깊이 스며든다. 나무 사이를 날아다니는 이름 모를 새의 날갯짓이 살아 있는 자연을 느끼게 한다. 배낭에 김밥 한 줄, 오이 한 개, 물 한 통을 넣고 숲을 찾는 이유이기도 하다.

숲길을 바람과 함께 걷는다. 노루, 오소리도 걸었고, 졸참나무도 서어나무도 편백도 함께 걷는다. 그 길을 아이들도 걷고 젊은 남녀도 손을 잡고 걷고 있다. 백발이 성성한 늙은 부부도 다정히 걷고 있다. 굳이 손을 잡지 않더라도 지금까지 함께한 인연으로 천천히 걸어가는 늙은 두 분의 뒷모습은 그 어떤 말로도 형용할 수 없는 아름다움이 묻어 있다.

코로나 이전에 여기서 만난 50대 중년 부부, 그들과 이 자리에서 삶과 죽음에 대해 많은 이야길 나누었다. 췌장암 수술을 받고 항암치료를 받다가 견딜 수 없어 제주에 내려와 2년째 이곳 숲에서 지낸다는 남자, 이제 죽음의 그늘을 벗어난 듯 건강했다. 직장을 그만두고 남편 곁을 지키는 아내의 얼굴에도 행복한 듯 잔잔한 미소가 흐른다. 그들은 이 숲에서 행복을 되찾은 듯 보였다. 불현듯 그 부부가 보고 싶다.

숲은 뭇 생명들의 삶의 터전이다. 햇볕이 서산으로 기울 무렵, 울창한 숲 여기저기에서 이름을 알 수 없는 산새들이 지저귄다. 새들의 노래가 맑고 경쾌하면서도 슬프기도 했다. 서로 무슨 교신이라도 하는 듯 울고 있다. 큰 소리로 우는 놈, 작은 소리로 우는 놈, 자지러지게 우는 놈, 기뻐서 우는 놈, 슬퍼서 우는 놈…. 울지 않은 놈이 없다. 저들이 날더러 실컷 한번 울어 보라고 토닥인다. 아련한 추억으로 스쳐 가는 엄마, 엄마를 이 숲에서 느낀다. 나를 꽃 피우기 위해 거름이 되어버렸던 엄마의 주름진 얼굴이 주마등처럼 스쳐 지나간다. 나는 숲에서 우는 한 마리 새였다.

이 숲의 나무들은 겨울이 오면 침묵할 것이다. 벌레 소리도 침묵하고 나뭇가지도 잎을 떨군 채 침묵한다. 여름 내내 분별없이 늘어놓았던 헛된 약속들, 연민과 미련 같은 것들 다 떨어 버리고, 헐벗은 몸으로 새봄을 기다리면서 한겨울 찬바람에 몸을 맡기고 휘청거릴 것이다.

제주 동쪽 바다의 광활한 풍경이 펼쳐진다. 타원형의 종달리 해안 앞바다가 훤히 내려다보이고, 멀리 먹구름 속에 성산일출봉과 우도가 마주하고 있는 모습이 장관이다. 오름의 끝인 지미오름, 원뿔꼴의 다랑쉬오름, 그 옆에 납작한 쌍봉 모양의 용눈이 오름, 높은오름과 손 지붕 등 오름의 물결이 구름처럼 흘러간다.

어느덧 해가 서산에 기운다. 길게 뻗은 한라산 능선 붉은 노을이 더없이 신비롭다. 숙소로 돌아가는 발길이 가볍다. 숲이 내 안으로 가만히 걸어 들어온다. 내일 또 숨은 사랑을 찾아 동백숲에 갈 것이다. 서편 하늘에 풀씨처럼 흩어져 불타는 새들, 어둠에 멱살 잡혀가는 나. 짙은 외로움이 온몸을 감싼다. 숙소 침대에 누워 있으니, 창가에 이상하고 차갑고 몽환적인 은회색 달빛이 부서져 내린다. 두고 온 집이 그리워서일까. 모든 여행의 종점은 집이다.

꿈과 여행은 닮아있다. 익숙한 것들이 낯설어진다는 것도, 귀 기울여 들을 만한 이야깃거리가 많다는 것도 비슷하다. 여행의 도정에서 얻은 발상을 하나둘 자기 것으로 만들다 보면, 꿈이 현실이 될지도 모른다.

모든 길은 첫걸음으로 시작된다. 천 리 길도 한 걸음부터다. 첫날의 걸음과 다음날의 걸음은 다르다. 한 걸음 사이에 이전 길은 지나가고 새로운 길이 열린다. 하늘이 다르고 바다 물색이 다르고 산이 다르고 나무가 다르고 꽃이 다르고 풀이 다르고, 무엇보다도 자신이 달라진다. 한 걸음의 변화를 깨닫는 순간 절로 짜릿한 쾌감이 스친다. 자신도 모르는 사이에 한 부분씩 영혼과 육체의 껍질을 벗는다. 마지막 한 걸음의 순간이 기다려지고, 달라진 내 모습을 즐긴다. 섬, 제주 숲을 걷는 한 걸음은 '나' 자신을 찾아가는 신성한 의식이었다.

섬, 제주는 신이 내린 축복의 땅이다. 이국적인 정취를 느낄 수 있고, 먹거리 볼거리 즐길 거리가 풍부하고, 곶자왈 숲길을 걸으면서 살아있는 원시림과 숨겨진 비경을 맛볼 수 있는 '깊은 여행'지다. 나는 섬을 떠나면서 마음의 안식을 한 움큼 담아 간다. 내가 가져왔던 한 움큼의 스트레스는 바람에 날려버리고.

성산 일출봉

　꿈은 미래에 대한 상상이며 비전이다. 그러니 상상력이라는 자양분을 얻기 위해 나는 여행을 즐긴다. 여행길에서 나의 꿈은 쑥쑥 자란다. 그 꿈은 나의 삶을 지탱해 주고 정신적 성장을 돕는다. 기적은 오로지 꿈꾸는 자들의 몫이 아닌가.
　이른 봄날, 제주올레 2코스 걷기는 광치기 해변에서 시작했다. 정확히 말하면 일출봉에서부터다. 이른 새벽 일출을 감상하기 위해 성산 일출봉에 올랐다. 잠시 코스를 벗어나 인근 명소를 찾는 것은 올레길 걷기 여행의 덤이다. 일출이야 어디서나 볼 수 있다지만,

일출봉에서 각별한 일출을 보기 위해 숙소를 성산에 정했다. 봄날이지만 주변이 어두컴컴해지며 변덕스러운 제주 날씨답게 칼바람마저 분다. 일출 예정 시각인 오전 6시 32분, 일출봉에는 약 100명이 해가 올라오기를 기다렸지만 아쉽게도 구름에 가렸다. 전국 각지에서 일출을 보고 싶어 온 사람들이 허탈한 듯, 슬그머니 발길을 돌린다. 어떤 이들은 다시 내일을 기약하기도 한다.

광치기 해변에서 일주도로를 건너면, 일출봉에서 내려다볼 때 호수처럼 보이던 내수면을 만난다. 올레 걷기 여행의 재미는 다양하며 그중 하나가 오름이다. 오름에서는 주변 풍광을 조망하고, 내려와서는 오름이 있는 풍경을 관망하며 걷는다. 마지막 오름에서는 지나온 궤적을 더듬어 볼 수 있다. 길게 늘어선 유채꽃밭을 지나 내수면 둑길을 건너 오조리로 향한다. 바다와 바다 사이를 가르는 길이다. 바다 위의 다리를 건너는 기분이다. 제주도의 노란 유채꽃은 봄의 상징이다. 이곳 유채밭은 넓고 길고 더욱이 배경이 좋다. 성산 일출봉이 멀리 배경으로 버티고 있다.

오조리 바닷길은 썰물 때는 드넓은 모래밭을 볼 수 있고, 물이 꽉 차 잔잔할 때는 성산 일출봉의 그림자를 볼 수 있다. 오늘은 둘 다 아니다. 그토록 나를 흥분케 했던 바람 때문이다. 하지만 유채꽃 너머로 햇살을 담뿍 받은 맑은 얼굴의 일출봉은 아름답기 그지없다.

내수면을 건너면 철새도래지로 유명한 양어장 일대다. 성산읍 오조리 내수면 연안은 습지보호 지역이다. 제주에선 처음 지정된 곳이다. 겨울철이면 철새들이 이곳에서 겨울을 보낸다. 물길을 지나 다시 오조 포구를 거쳐 식산봉에 이른다. 왜구의 침입에 대비해서 이 오름에 낟가리를 덮어 왜구의 눈에 군사들이 먹을 군량미처럼 보이게 했다는 데서 나온 이름이라고 전해진다.

산책로를 따라 이어지는 식산봉을 돌아서 내려오면, 오조리 '쌍월'에 이른다. 쌍월은 두 개의 달을 볼 수 있는 곳을 말한다. 일출봉에서 떠오른 보름달이 잔잔한 내수면에 가득 비치며 또 하나의 월출 장관을 선사한다고 해서 붙여진 이름이다. 서귀포시 성산읍에 속하는 마을. 마을과 바다 사이에 갯벌이 넓게 분포하고 있고 마을 동쪽 해안가에 식산봉이 있다.

내수면 둑방을 지나 오조리 마을로 향한다. 성산 일출봉에서 볼 때 내수면 건너편이 오조리, 오른쪽이 시흥리, 왼쪽이 섭지코지가 있는 고성리다. 대부분이 평지인 오조리는 반농반어촌 마을이다. 둑길을 건너자, 눈에 들어오는 것은 족지

물이다. 마을 이름도 족지이다. 낮은 담벼락이 있는 골목길을 걷는다. 마을 가운데는 팽나무 두 그루가 마을을 지킨다. 수령이 100여 년이 넘었다. 4·3사건 당시 마을의 큰 나무들이 모두 잘려 나갈 때도 겨우 살아남았다고 한다. 팡낭 쉼터에서 잠시 숨을 돌린다. 동이 틀 무렵의 태양에는 생명의 기운이 있다.

나는 새벽녘과 저물녘의 어슴푸레한 빛을 좋아한다. 이른 새벽 미명의 시간 들뜬 마음으로 광치기 해변을 걸었다. 바다와 하늘은 경계도 없이 핏빛으로 물들었다. 모든 게 붉다. 바람도, 사람도, 물을 머금은 검은 돌조차도. 노을은 꼭두서니와 치자 색깔이 섞인 듯한 오묘한 빛이다. 왜 새벽녘과 저물녘의 붉은빛을 모두 노을이라 했을까. 이제까지 경험되지 않은 시원과 종말의 순간은 아마도 같은 빛으로 물들 것이라는 생각 때문이 아닐까.

날이 저문다. 빛이 공간 속을 넘나드는 모습과 바닷물이 시간 속을 드나드는 모습이 닮았다. 이 흐름 속에서 시간과 공간, 어둠과 밝음 등 인간이 설정해 놓은 개념들은 스스로 소멸한다. 자연이 원래의 모습으로 회귀하는 듯한 시각적 착각마저 일으킨다. 빛은 모든 순간마다 명멸하지만, 바다에서 빛의 소멸은 고요하고 가지런하다.

올레길 숲에서 지저귀며 나는 새, 풀을 뜯어 먹는 노루가 딴 세상인 것처럼 자유를 즐긴다. 완만하고 부드러운 오름의 곡선, 신비의 춤을 추는 제주의 바람, 태곳적 검은빛의 현무암, 우레를 머금은 구름의 질주, 용광로처럼 끓어오르는 노을, 하늘을 향해 절규하는 나무들…. 천태만상의 자연의 모습들이다. 걷기는 빛으로 가득한 숲에서 자유와 고요함 속으로 몸을 끌고 가는 일이며, 전진의 리듬에 몸을 맡기는 일이다. 틈만 나면 중산간 곶자왈 숲에서 원시의 나무와 피어나는 꽃들을 찾아 나섰다. 저마다 제자리에서 욕심도 이기심도 없이 꿋꿋이 살아가는 모습이 아름답고 소중했다.

숲에서 나무들은 주어진 환경에 맞게 더불어 살아간다. 푸른 바다의 바람에 일렁이는 숲길은 기억의 밑바닥에 달라붙은 앙금조차 다 녹일 수 있을 것 같다. 바람은 때로는 석양의 노을빛 같고, 때로는 흰 눈빛 같다. 섬의 봄은 육지보다 빠른 걸음으로 왔다가 간다. 냉이, 제비꽃, 개망초, 민들레 등 꽃다지가 지천이다. 봄의 따스한 기운이 풀냄새, 꽃내음을 풍기며 바람 따라 흐른다.

꽃이 피는 것도 꽃이 지는 것도 모두 자연의 기적이다. 스쳐 지나가는 바람 한 점, 빗줄기 한 올, 햇살 한 줌을 고이 모아 꽃으로 피워낸다. 그래서 작은 풀꽃 한 송이에도 우주가 담겨 있다. 신비롭고 경이롭다. 풀잎, 풀꽃을 입에 올리기만 해도 몸에 풀물이 드는 것처럼 상쾌해진다. 섬돌 밑 풀벌레 노랫소리가 높아지면, 공중에 높이 뜬 달은 조도를 한껏 올린 채 뜰에 서성인다. 검은 수풀 위로 반딧불이가 날아와 군무를 춘다. 제주에서만 볼 수 있는 진풍경이다.

초원에도, 오름에도, 바다에도 영원히 생명이 존재할 것이다. 대자연의 신비에 경외감을 느끼며 나는 또한 삶의 신명을 얻는다. 초원과 오름과 바닷가를 홀로 거닐면, 나의 영혼과 자연이 하나 되어 의식 속으로 스며든다.

만년의 신비를 몸에 지니고 의연한 자태를 뽐내는 일출봉을 곁에 두고 잠든다. 수백 마리의 새 떼들이 비상하는 소리에 꿈에서 깨어나는 청량한 아침을 기대하며.

눈 위 발자국

걷기 여행을 좋아했던 영국의 시인 윌리엄 워즈워스는 살아오면서 겪는 모든 체험의 흔적을 '시간의 점'이라 했다. 삶의 체험이나 감각적 자극, 책을 통한 지적 깨달음 등은 모두 시간의 점이 되어 몸과 마음에 기억되고, 이런 시간의 점이 모여 선이 되고 선이 모여 얼굴이 된다고 했다. 한 인간의 면모는 그가 살아오면서 겪은 수많은 체험의 점들이 선으로 연결되어 특유의 면모와 품격으로 얼굴에 되살아난다는 것이다.

여기 서 있으려면 쉬지 않고 힘껏 달려야 해. 어딘가 다른 데로 가고 싶으면 적어도 그보다 두 배는 빨리 달려야 해.

〈거울 나라의 앨리스〉 속 '붉은 여왕'의 말이다. 넘어지지 않기 위해 계속 달려야 하는 러닝 머신 위, 그곳에서 넘어지지 않는 유일한 방법은 쉼 없이 달려야 한다.
나는 이른 새벽 명상에 잠긴다. 명상은 머신 위에서 전원을 끄고 내려오게 하는 유용한 방법이다. 명상은 과거나 미래가 아닌 오직 현재에 머문다. 명상은 이미 걸어온 길을 후회하거나 정상을 보며 불안해하지 않고 지금 내가 걷는 걸음에 집중한다. 한순간, 그 한순간이 내가 가장 현명해지는 때다. 명상하면 오히려 잡념이 더 밀려온다고 생각하는 건 햇살이 비칠 때 먼지가 훨씬 더 잘 보이는 것과 같은 이치다. 잡념은 진짜 나를 가리는 먼지다. 그 먼지를 지워야 비로소 세속에 젖은 내가 아닌, 진짜 '나'가 보인다.
어릴 적, 엄마 등에 업히면 저고리에 촉촉이 배어있는 새콤달콤한 땀 냄새, 목덜미에서 풍기는 엄마 냄새, 색채와 음성이 모두 닳아서 없어져도, 그 냄새는 기억 속에서 지워지지 않는다. 저 건너편에서 뚜벅뚜벅 걸어오는 아들을 대문 밖에서 기다리고 계실지도 모른다는 헛된 망상에 사로잡힌 나. 엄마 냄새가 그리워서 가만히 불러보는 '엄니!' 그러다 눈이 촉촉이 젖고 나서 명상에서 빠져나온다.

나는 여기까지 쉼 없이 달려왔다. 때론 폭풍우 속을 달리기도 했다. 이유 없이 반항도 하고 배신에 울분을 참지 못해 몸서리치기도 했다. 현실에 충실하면서도 돌이켜 보면 싱거우리만큼 덤덤한 삶이었다. 그렇지만 손 귀한 집안에서 4남 2녀의 자식을 두고, 열 명의 손주를 보았으니, 이보다 더한 행복이 어디 있을까?

어느덧 세월이 흐르고 아들딸들이 모두 장성해서 제 갈 길을 찾아 떠났다. 텅 빈 집에 단둘이 있는 날이면 그동안 나를 지탱하고 있던 것들이 서서히 빠져나가는 기분이 들면서 허허로움이 엄습했다. 신발장에 벗어 놓고 간 애들의 낡은 신발들이 차고 공허했다. 눈물 같은 건 없으리라던 강퍅한 내 마음이 한꺼번에 허물어지는 순간이다. 지금도 가끔 골목을 지나는 발걸음 소리에 애들이 올 줄도 모른다는 생각이 들어 긴장할 때가 있다. 바람이 불거나 눈 오는 밤이면 더욱 그렇다.

꿈은 언제나 현실 너머에 있기 마련이다. 노년이어도 주어진 현실이 만족스럽지 못하기에, 나는 가끔 꿈을 찾아 여행을 즐긴다. 어쩌면 사는 건 꿈꾸는 일이 아닐까. 여행은 나에게 삶의 무늬이다. 이 무늬를 아름답게 그려내고 싶은 욕망이 항상 여행을 통해 발산된다.

그저께는 여름 날씨라 너무 덥다고 호들갑을 떨었더니, 어제는 비가 내렸고 오늘은 찬 바람마저 분다. 하지만 곰곰이 생각하면 반드시 그런 건 아니다. 이런 변덕이 여름 날씨의 특성을 말해 주는 것이고, 사계의 순환이라는 거대한 흐름 속에서 일어나는 찻잔 속의 작은 태풍이 아닌가 싶다. 가까이에선 다양한 모색과 끊임없는 변화의 한가운데 있는 듯하지만, 멀리서 보면 삶의 큰 양탄자에 수놓인 작은 무늬에 불과하다는 생각이다.

그런데 이상하다. 가만히 눈을 감고 돌이켜 보면 내게 남아 있는 것들은 모두 흔들리고 서성거리던 시간의 기억뿐이다. 설레고 떨리고 방황하고 머뭇거리고, 스치는 바람 한 자락에도 미란성 위염 같은 찰과상을 입고, 한사코 한 방향으로만 내달리려는 마음을 쥐어 잡느라 대낮 거리를 떠돌고 헤매던…. 살아있다는 건 그런 것 아닌가? 떨림도 울림도 없는 삶, 눈부신 고립 같던 뜻밖의 폭설조차 꿈꾸지 못하고 산다면, 그것은 단지 앞으로 남은 인생일 것이다.

풍경에는 항상 계절이라는 배후가 있다. 때가 되면 마른 가지에 싹이 트고, 무성한 나뭇잎은 그늘을 만들어 온갖 새들이 모여들더니, 서서히 붉어지고 이윽고 흰 눈에 덮여 새로운 풍경을 만든다. 이 모든 현상은 자연의 리듬에 필연적으로 얽혀 있다. 시간과 공간, 사물 어느 것 하나 독립해서 존재하지 않는다.

나의 일상은 한마디로 잘 정돈된 길이다. 매일 아침저녁으로 왕래하는 길이고 가끔 산책하는 길이기도 하다. 언제나 낯익은 풍경이 전개되고 그 풍경을 이루는 것들도 편하게 제자리를 잡고 있다. 낯익은 길가 돌이며, 갈참나무 휘어진 가지며, 굽은 길이며, 옹기종기 붙어 있는 건물들 하나하나가 눈을 감아도 선명하게 모습을 드러낼 정도다. 이렇듯 일상이란 자신을 둘러싼 작은 세계요, 그 세계 속에서 자연스럽게 반복적으로 살아가는 일이다.

삶에는 연습이 없다. 그 일회성은 경건할 정도로 단호하다. 삶은 어느 순간이라도 멀고 험한 여정의 첫걸음이고, 돌아가는 길은 없다.

모처럼 친구들과 찻집에서 지나간 이야기들로 잡담을 나누다 어느덧 해가 저물어 돌아오는 저녁 길. 건널목 앞에 이르는 순간 바뀌는 신호등에 잠시 기다린다.

소복소복 눈이 내리고 있다. 나무에도 지붕에도 눈이 쌓인다. 이것이 올해 마지막 눈일지 모른다는 생각에 추운 겨울도 아쉬움으로 남는다. 마지막 겨울에 작별 인사를 건네는 마음으로 눈 쌓인 거리를 바라본다. 눈 위에 이미 다른 사람의 발자국이 나 있다. 누가 남겨놓은 것일까. 어릴 적 동무들과 눈싸움하고 눈사람도 만들던 그 소년의 발자국을 닮았다. 그리운 날의 기억들, 어린 시절 들로 산으로 쏘다니며 함께 뛰어놀던 동무들 얼굴이 떠오르면서 마음이 뭉클해진다. 그 시절의 추억은 아직 나를 들뜨게 한다. 다시는 겪어볼 수 없는 우리만의 소중한 시간이 아니겠는가.

질주하는 자동차들의 소음으로 잠시 내 상상력이 움츠러진다. 드디어 신호가 바뀐다. 차들이 멈춘다. 그 어린 소년의 발자국 옆에 내 발자국을 남기고 서둘러 길을 건넌다.

시월의 노래

　하늘은 높고 청명한 날, 제주 산굼부리에서 바람에 억새가 너울너울 춤을 춘다. 시월의 푸른 하늘에 고개 숙인 억새, 산자락 노을 당겨 나붓이 제 몸 물들이고 있다. 텅 빈 들판의 벼 그루터기 위에 사위어가는 짧은 해처럼, 무릇 생명 있는 것 중에 변하지 않는 게 무엇이 있겠는가.
　여행은 예나 지금이나 설레긴 마찬가지이다. 낯익은 바람 내음이 오래된 기억처럼 편하다. 핸드폰에서 라흐마니노프의 피아노협주곡 3번을 듣는다. 마치 피날레가 들려오는 듯하다. 피아노 솔로가 깊은 저음으로부터 두둥실 떠오른다.

내가 그 소리들과 함께 둥둥 떠오르는 것 같다.

사려니 숲길을 걷는다. 계절의 맑은 대기는 천금을 주고도 살 수 없으리라. 편백숲 사이로 새 한 쌍이 사랑 놀음을 하는지 휠휠 날개를 치며 날아간다. 새들의 노래가 경쾌하다. 모차르트 피아노협주곡 26번 〈대관식〉의 3악장을 듣는다. 그 명징한 리듬과 화음에 알 수 없는 기대가 깃들고 발걸음이 경쾌해진다. 동산에서 친구들과 놀다가 해가 저물어 엄마가 부르는 소리에 집으로 뛰어가던 어린 내 모습처럼 즐겁다.

감상주의의 대가인 북방 러시아의 작곡가 차이콥스키의 가곡 〈그리움을 아는 이만이〉가 연이어 흐른다. 쓸쓸한 가을 날의 아련한 회상, 기억 저편에서 몰려오는 후회와도 같은 슬픈 노래다. 괴테의 시에 곡을 붙인 주선율이 흐른다.

그리움을 아는 이만이 안다. 내가 무엇을 괴로워하는지, 홀로 모든 기쁨에서 떨어져 나와 나 먼 창공을 바라보노라.

추억은 아름답다. 시간이 흐르면 아픈 기억마저도 아름다운 풍경으로 바뀐다. 그리운 건 아름답고 아름다움만 가슴에 남는다. 9월, 나무에 매달려 목이 쉰 채 울어대는 매미처럼 어느새 황혼에 들어섰다. 주위에서 하나둘 먼 길을 떠나니, 나에게도 그런 날이 머지않았음을 느낀다. 맑고 시린 가을 하늘과 나 사이에 아무런 간격이 없다.

차이콥스키의 피아노곡 〈사계〉가 흐른다. 사계절의 서정을 한 곡씩 피아노곡으로 묘사한 작품으로 모든 생명이 결국 죽어가는 것을 표현한 곡이다. 멜로디에선 슬픔을 한숨처럼 표현했다. 중간은 삶의 희망을 담아 조금은 밝은 톤을 가지게 된다. 하지만 마지막 부분에서 첫 주제가 반복되며 슬픈 한숨으로 돌아온다.

이 곡은 서정적이면서도 심리적인 표현이 강하다. 풍경과 인간의 심리상태가 한데 엮여있다. 하염없이 숲길을 걸으며 그곳에 깃든 그림자를 지워보려 하지만 때로 세상은 뭔가 불길한 일을 준비하는 것처럼 느껴진다.

날이 저물어 숙소로 돌아오는 길, 성경 전도서의 한 구절에 곡을 붙인 브람스의 〈독일 레퀴엠〉 2악장을 듣는다. "모든 육신은 들의 풀과 같고, 그 영광은 풀의 꽃과 같아, 풀은 마르고 꽃은 떨어지나니…." 저 들판은 곧 마른 풀들로 뒤덮일 것이다. 저 엄숙한 소멸과 부활을 기다리는 긴 시간이 다가오고 있다.

어느덧 길게 뻗은 한라산 기슭에 저녁노을이 붉게 물들었다. 서귀포 바닷가 민박촌에 돌아와 자리에 누우니 철썩철썩 파도 소리에 짙은 외로움이 온몸을 감싼다. 쎄시봉의 윤형주가 작사 작곡한 〈우리들의 이야기〉가 마음을 일렁이게 한다. 젊은 날 포크계의 아이돌 쎄시봉의 감미로운 선율에 나는 얼마나 열광했던가. 조영남, 송창식, 윤형주, 막내 김세환, 이 네 사람의 화음은 가슴 저 깊은 곳에서부터 아려오는 아름다운 선율이 되고, 가슴 저미는 노래들이 된다. 그때는 그냥 따라 부르기만 했는데 세월이 지난 지금 비로소 마음 깊은 곳, 녹아서 스미고 이제 저며져 온다.

나와 동시대에 살았던 그들, 〈하얀 손수건〉을 따라 부르며 젊은 날 얼마나 열광했는지 모른다. 쎄시봉은 그 당시 청년 문화의 산실이었다. 이제 그 느낌은 아득하다. 꽃처럼 아름다운 노래들, 눈 감고 들으면 그날의 아련한 그리움이 파도처럼 나를 덮치곤 한다.

집에 두고 온 사람의 목소리가 그립다. 마음속에 일어난 거스러미와 딱지를 혼자 다독여야 하는 저녁이다.

아내를 처음 만나던 날, 하얀 블라우스에 녹색 플레어스커트를 입고, 앳된 얼굴에 솜털이 보송보송한 목덜미가 귀여웠던 그가 어느새 머리가 희끗희끗하니, 시간의 무상함이 아프게 느껴진다. 흐르는 물처럼 멈추지 않고 여러 모습으로 변해가는 삶. 왔다가 가는 게 자연의 순리이고 사람 또한 그러한 것이거늘, 무엇이 화날 일이고 무엇이 고통이었든가. 그를 만나던 때 사랑을 확인한 나는 기뻐서 부르는 〈남몰래 흐르는 눈물〉이나 눈부시게 빛나는 젊은 청춘들의 사랑과 이별 이야기 〈라보엠〉을 듣곤 했다.

  가을비가 촉촉이 내린다. 한여름 소낙비는 우악살스럽고 변덕이 심했는데, 조용히 내리는 가을비는 마음을 울린다. 젊은 날 뜻도 모르고 마냥 좋아했던 팝송, 칸초네, 샹송. 오늘처럼 비 내리는 날 다시 들으니, 마음이 뭉클하다. 다시 그 시절로 돌아간 듯하고 아름다웠던 추억이 되살아난다. 순박한 시절에 듣던 청초한 곡의 울림에 가슴이 울울하다. 그날이 그리워서 어느 날 퇴근 후 친구와 노래방에 들렀다. 당시 유행하던 최희준의 〈하숙생〉을 불렀다. "인생은 나그넷길 어디서 왔다가 어디로 가는가." 목이 터져라 실컷 노래를 부르고 나니 비로소 얼어붙었던 마음이 풀렸다.

  덩그렇게 남은 나의 계절. 어느새 음악은 노팅힐의 거리를 걷고 있다. 유명 여배우와 평범한 남자의 사랑을 그린 영화 〈노팅힐〉. 사랑은 희망을 주는 것이기에 나는 오늘도 가로수가 손에 잡힐 듯한 노팅힐 카페에 앉아 또 하나의 바람을 기다린다.

장무상망 長無相忘

　제주 추사 김정희 적거지기념관 〈세한도〉 앞에서 나는 한동안 말없이 서 있었다. 소나무와 잣나무의 나목, 둥그런 창문 있는 작은 집이 매운 제주의 찬바람 속에 떨고 있다. 세한 속에서 얻은 불가사의한 해탈과 무한 광대하고 둥근 깨달음은 텅 빈 하늘이 주는 신묘한 힘이었다. 대정 읍성 동문 안쪽에 자리 잡은 이곳은 기념관과 초가 네 채가 있고, 시 서화 등 작품 탁본 64점이 전시되어 있었다.
　1834년 순조의 뒤를 이어 어린 헌종이 즉위하고, 순원왕후 김 씨가 수렴청정하던 때, 추사는 10년 전 윤상도의 옥사에 다시 연루되어 9년 동안 제주도에 유배된다. 섬에 위리안치된 그를 따르는 제자가 많았다. 우선藕船 이상적李尚迪은 정치적으로 고립되어 귀양살이하는 스승을 숭모하고 따르는 제자 가운데 한 명이었다. 중인 출신 역관이자 시인이었던 이상적은 스승에 대한 의리와 사랑을 실천하는 실학자로 청나라를 드나들 때마다 신학문에 대한 귀한 서적을 수집하여 스승에게 보내드렸다. 당시 청국의 신학문에 관한 서적 한 권은 집 한 채 값이었다고 한다.

이상적이 추사의 귀양살이 4년째인 1843년에《만학집》과《대운산방문고》를 북경에서 구해서 보내준 데 이어 이듬해인 1844년에는《황조경세문편》을 구입하여 보내준다.《만학집》의 저자인 계복은 추사가 옹방강, 완원과 교류하면서 알게 된 인물로 추사는 그의 학문을 흠모했다. 더욱이 이 책에는 옹방강이 제명을 쓰고 완원이 서序를 써 추사로서는 감격스러운 선물이었다. 추사는 스승 완원과 한 약속을 생각하며〈세한도〉에 완당玩堂이라는 호를 즐겨 썼다.

추사는 '실사구시 온고지신' 이용후생의 경학, 기굴하고 고졸하고 현묘한 추사체의 글씨, 난, 수묵화에서 특출한 세계를 성취한 삼절三絶이지만, 결코 오만한 천재는 아니었음을〈세한도〉를 통해 알 수 있다. 당시 추사는 북학파의 선구자

였으며, 안동 김씨의 세도정치 속에서 왕권을 강화하고, 부정부패를 바로 잡고, 근대문물을 받아들이려는 쪽에 서 있었다.

나는 이 그림에서 '장무상망'이라는 낙관이 눈에 들었다. 이 네 글자의 출처는 중국 섬서성 고대 도시 시안西安이다. 기와집 와당을 연결할 때 쓰이는 막새에는 통상 쓰는 그림 무늬가 아닌 이 네 글자가 쓰여 있었다고 한다.

유홍준 박사는 "〈세한도〉의 예술적 가치는 그 실경實景에 있지 않다. 〈세한도〉는 문인화다. 문인화는 마음속의 정신세계를 표출하는 사의寫意를 중시하는 그림이다. 추사의 발문에 그 사의가 들어있다"라고 말한다. 쩍쩍 갈라지는 갈필과 건묵으로 그린 나무와 사람 없는 빈집의 풍경은 추사의 마음처럼 황량하기만 하다. 질 좋은 종이보다 거친 종이에 그린 것도 그렇다. 추사가 유배되지 않고 여전히 벼슬자리에 있어도 이런 일들이 가능했을까. 그는 이상적의 사람됨을 공자의 말씀을 빌려 칭찬하고 있다. "가장 추운 때에 보면 소나무 잣나무가 가장 나중에 시들어진다는 것을 알게 된다"라고. 오주석은 〈세한도〉에 관한 글에서 그림 속 나무와 빈집을 이렇게 해석했다.

이것은 집이 아니라 추사 자신이었다. 그래서 창이 보이는 전면은 반듯하고, 역원근逆遠近으로 넓어지는 벽은 듬직하며, 가파른 지붕 선은 기개를 잃지 않았다. 우뚝 선 아름드리 늙은 소나무를 보라! 뿌리는 대지에 굳게 박혔고, 한 줄기는 하늘로 솟았는데 또 한 줄기가 길게 가로 뻗어 차양처럼 집을 감싸안았다. 그 옆에 곧고 젊은 나무가 서 있다. 이것이 없었다면 집은 그대로 무너졌으리라. 변함없이 푸른 소나무, 제자 이상적이다. '세한도'엔 추운 시절에 더욱 따스하게 느껴지는 옛정이 있다. 그래서 문인화의 정수라 일컬어진다.

〈세한도〉에는 추사의 현실의 삶도 함축되어 있다. 변함없이 푸른 소나무는 제자 이상적을 상징한다. 추사는 〈세한도〉라는 세 글자를 오른쪽 위에 쓰고, 그 옆에 세로로 '우선 이상적에게 준다'라고 쓰고, 아래 제명 밑에 '장무상망長無相忘(우리 서로 오래도록 잊지 마세)'라는 낙관을 손수 새겨 찍었다. 이 한마디에 시공을 초월한 사제간의 인간적 함의, 정신적 교감이 큰 울림을 준다. 그래서 〈세한도〉는 단순히 그림에 머물지 않고 보는 이의 감성에 따라 그 의미가 넓게 번지고 출렁인다.

비가 부슬부슬 내린다. 나는 뒤편 추사가 기거하면서 제자를 가르치던 가시울타리 속 초가집을 찾았다. 추사가 몸을 뉘었던 '밖거리(사랑방)'를 한참 기웃거렸다. 그는 종기 등 풍토병에 시달리면서 고독한 유배인으로서 뼈를 깎는 자기 성찰을 통해 추사체를 완성했다. 추사는 유배의 신산한 삶을 극복하는 방법으로 글씨를 쓰고, 그림을 그리고, 난초 치기를 즐겼다. 글씨 한 점 한 획, 난초의 잎사귀 하나, 그림 한 폭에 그의 혼이 배어있어 방안은 아직도 은은한 묵향이 배어있는 것 같았다.

그 옆 작은 방이 기생 초의가 낳은 아들 상우가 아버지를 수발하면서 기거하던 방이다. 소실 초의는 노후의 추사를 곁에서 끝까지 지켜 준다. 그런 초의를 향해 고마운 마음을 한 편의 시詩에 남겼다. "난초를 사랑하는 마음은 수선화를 사랑할 수도 있네"라고.

다시 기념관으로 돌아와 추사의 작품 앞에 섰다. 〈세한도〉 속의 초가 바람벽에 뚫려 있는 동그란 구멍을 그린 작품으로 그 큰 구멍은 지붕과 바람벽 옆에 서 있는 소나무 잣나무를 다 삼킨 하얀 태허太虛의 구멍이었다. 추사는 거대한 구멍 왼쪽에 "돌아가자, 돌아가자, 시원의 한가운데로"라고 쓰고 오른쪽에는 "나무아미타불", 그 밑 더욱 작고 가는 글씨로

'승련노인 추사 김정희'라고 썼다.

나는 추사의 신필㊀筆 뒤에 가려져 있는 전혀 다른 추사의 얼굴이 떠올랐다. 이 그림과 글씨의 행간 속에서 그가 살아온 시대의 아픔을, 그의 인간적인 고뇌와 고독을 읽을 수 있어 숙연히 옷깃을 여미었다. 짙푸른 태허 속 동그라미 속으로 그는 검은 댕기 두루미 한 마리로 변신하여 훨훨 날아가고 있었다.

3부
순천만 포구

광한루의 봄
벌교에서 주먹 자랑하지 마라
와온 저녁노을
바람과 달빛이 흐르는 곳
부석사의 선묘 사랑
화엄매
섬진강 봄빛
순천만 포구
대덕산 꽃바다
풀꽃

광한루의 봄

 하동 길가에 늘어선 벚꽃이 활짝 피어 꽃비가 휘날릴 때마다 누군가의 마음에는 이별의 아픔으로 아릿하게 핏물이 돌고, 또 다른 누군가의 마음은 열정으로 달아오른다. 바야흐로 봄이다.
 평범한 일상에서 권태를 느낄 때, 나는 가볍게 일상을 벗어나 새로운 세상을 꿈꾸곤 한다. 여행은 새로운 환경과 처음 만난 사람들, 여행지에서 마주치는 소소한 풍경 등이 주는 즐거움은 물론, 잊고 살았던 일상의 소중함도 다시 상기시킨다.

남원으로 향한다. 춘향전 무대로만 아는 건 남원에 대한 예의가 아니다. 순천에서 한 시간 거리, 멀고도 가깝다. '우주인도 놀러 오는 순천!'이라는 캐치프레이즈를 내걸고 4월 초하루 다시 개장한 순천만 국가정원이 있지만 그보다 한 수 위인 광한루원廣寒樓는 정원의 과거 현재 미래를 당일치기 여행으로 볼 수 있는 곳이다. 사랑이 뭘까 궁금하다면 남원에서는 나만의 답을 찾을지도 모르겠다. 여러 빛깔의 사랑이 그곳에 있다.

봄의 광한루원은 생명이다. 수양버들의 연두색 새잎들이 바람결 따라 살랑살랑. 나무에 봄기운이 오른다는 말뜻을 비로소 알게 되었다. 춘향전 '열녀춘향수절가'는 광한루원의 경치를 이렇게 표현하고 있다.

앞 시냇가 버들은 초록색 휘장을 둘렀고, 뒤 시냇가 버들은 연두색 휘장을 둘러, 한 가지 늘어지고 또 한 가지 펑퍼져 흐늘흐늘 춤을 춘다.

광한루원 앞 연못 '연지'에는 천연기념물 원앙 수십 마리가 커다란 잉어들과 함께 헤엄치고 있었다. 원앙 색상이 워낙 선명해 비현실 세계에 온 느낌이다. 하긴 광한루원은 옥황상

제가 사는 천상의 광한전을 재현한 곳이 아닌가.

1419년 조선의 재상 황희가 '광통루'라고 지은 누각 이름을 전라도 관찰사 정인지가 바꾼다. 달나라 미인 항아가 사는 월궁 속의 '광한청허부'를 본떠 '광한루'라고 한 것이다. 이로써 광한루는 지상의 누각에서 천상의 궁전으로 격상된다.

광한루는 달나라 궁전, 연지는 은하수다. 돌다리에 네 개의 무지개 모양의 홍예가 뚫려 있는 오작교를 건너 광한루로 향한다. 저 끝에 그리운 견우가 서서 웃고 있을까. 은은한 달빛 아래 만나고 나서 헤어지면 또 1년을 기다려야겠지.

광한루가 있는 정원 일대를 통칭하는 광한루원은 조선 시대의 대표적 명승지이다. 광한루에 오른다. 광한루의 진가는 내부에 들어섰을 때 확연히 드러난다. 봄바람 드는 광한루에 서면 조선의 뛰어난 문인 정철이 발의한 세 개의 섬, 즉 삼신산이 시야에 펼쳐진다. 정면 5칸, 측면 4칸으로 내부가 뻥 뚫린 본루에서 바라보는 광경은 연지와 오작교 그리고 대나무, 배롱나무, 버드나무가 어우러진 신선의 세계다. 광한루에 걸린 현액이 '계관桂觀'이다. 계수나무가 있는 달나라 궁전이라는 뜻을 담고 있다.

광한루에서는 봄이면 춘향제가 열린다. 일제강점기인 1931년 남원 유지와 주민, 권번 기생들이 돈을 모아 춘향사

당을 준공하고 제사를 지내면서 시작된 춘향제는 대한민국 대표 축제로 올해가 94회째이다.

남원에는 광한루에 버금가는 한국의 아름다운 민가 정원 '몽심재夢心齋 고택'도 있다. 수지면 호곡리에 있는 국가민속문화재다. 집에 들어서니 대문채 앞에 150년 된 백목련이 탐스럽게 피어 있고 홍매와 산수유가 함께 어우러져 봄을 알린다.

몽심재 명칭은 고려 말 박문수가 정몽주에게 충절을 다지며 보낸 시에서 유래했다.

> 마을을 등지고 늘어서 있는 버드나무는 도연명이 꿈꾸고 있는 듯하고, 산에 오르니 고사리는 백이숙제의 마음을 토하는 것 같구나隔洞柳眠元亮夢 登山薇吐伯夷心.

이 시의 첫 줄 끝 자인 '몽夢'과 둘째 줄 끝 자인 '심心'을 따왔다. 죽산 박씨가 1700년대 초 호곡리로 집단 이주한 후 박문수의 14대손인 박동식이 이 집을 짓고 '몽심'을 당호로 삼았다고 한다.

이 집은 인간에 대한 배려가 가득하다. 조선 양반의 전유 공간이었던 정자를 문간채 동쪽에 짓고 하인들의 쉼터로 내

주었다. 즐거움이 가득하다는 뜻의 요요정樂樂亭이다. 정자 앞 연못인 천운담天雲潭은 연두색 개구리밥이 포근히 덮여 있다.

놀라운 건 아랫사람들이 편히 쉬도록 사랑채에서는 보이지 않게 이 공간을 설계한 점이다. 안채 여성들의 휴식을 위해 부엌 쪽 지붕도 길게 뻗어 있다. 연달아 대과 합격자를 배출한 만석꾼 박씨 집안은 기근이 들면 소작료를 받지 않았다고 한다. 지금 시대에도 필요한 '노블레스 오블리주'다.

몽심재에는 무려 48종의 꽃이 보존돼 있다. 이제 곧 금영화, 꽃잔디, 아마꽃이 핀다. 5월에는 사랑채 앞에 가득 피는 달맞이꽃이 장관이란다. 여행에서 만난 낯선 풍경을 바라보며 따뜻한 미소 위에 쓴 커피 한 모금을 마신다. 숨어 있는 소확행은 오늘처럼 사실 먼 곳보다 가까운 데 있다.

이 시대상과 어울리지 않는 성춘향과 이몽룡의 이상향을 향한 절절한 사랑 이야기는 가슴 뭉클한 감동의 선율로 흐른다. 지리산 자락을 바라보면서 새소리를 듣고, 봄기운 가득한 연초록 산수의 황홀경에 마음을 빼앗긴다.

봄은 새로운 생명의 등불을 밝히는 계절, 나는 무지개 꿈을 꾼다. 바람에 무수히 쏟아지는 꽃길을 걸으니, 사랑의 슬품에 잠긴 베르테르의 편지를 읽고 있는 느낌이다. 지역의 어린이들이 찾아와 은하수 노니는 연지에서 놀고 있다. 저 아이들의 눈에 춘향의 사랑이 어떻게 비칠지 궁금하다. 연지에서 웃고 떠드는 어린이들의 천진난만한 모습도 아름답다. 어느덧 해가 뉘엿뉘엿 서산으로 기운다. 벚꽃 속에서 헤매면서 작은 생명들과 함께 보낸 일상의 소중함을 되새겨볼 수 있었던 꿈같은 하루였다.

벌교에서 주먹 자랑하지 마라

부용산은 내 고향 벌교를 감싸안은 나지막한 산이다. 안치환이 부른 노래 〈부용산〉은 당시 교사였던 박기동이 병으로 죽은 여동생을 부용산에 묻고 그 슬픔을 가눌 길 없어 울면서 쓴 시詩에 그가 목포항도여중으로 근무지를 옮긴 뒤에 동료 교사 안성현이 작곡한 노래다.

부용산 산허리에 잔디만 푸르러 푸르러
솔밭 사이 사이로 회오리바람 타고
간다는 말 한마디 없이

너만 가고 말았구나
피어나지 못한 채 붉은 장미는 시들었구나
부용산 산허리에 하늘만 푸르러 푸르러….

6·25 전란 때 그 작곡가가 월북한 후 금지곡이 되고, 박기동이 호주로 이주하는 바람에 오랫동안 작자미상의 운동권 구전가요로 불려 오다가 박기동의 제자 김효자 교수에 의해 50년 만에 그 사연이 밝혀지고 나서 〈부용산〉이 햇빛을 보고, 사람들이 즐겨 부르는 애창곡이 되었다.

벌교筏橋, 뗏목을 엮어 만든 다리라는 뜻이다. 그러나 큰물만 나면 다리가 떠내려가니 농민들의 고통은 이만저만이 아니었다. 이를 안타깝게 생각한 선암사 스님들이 선암사 입구 강선루 아래 홍예교를 본뜬 돌다리 만들고 홍교虹橋라 이름 지었다. 좌우간 다리로 애환이 깊은 곳이다.

'꼬막' 하면 떠오르는 곳이 또한 벌교이다. 겨울의 진미는 바로 꼬막이다. 쫄깃한 맛이 일품인 꼬막은 아낙네들이 추운 겨울 개펄에서 캐낸다. 하지만 참꼬막은 갯벌의 오염으로 생산량이 급감해 지금은 금값이다. 청정지역인 여자만 장도 섬에서만 생산되고 있다. 그 대신 양식이 가능한 새꼬막이 벌교 꼬막의 명맥을 유지하고 있다. 겨울바람이 차가울수록 꼬막 맛은 깊어진다. 어릴 적 엄마는 갯벌에서 꼬막을 채취해 꼬막 장국을 끓였다. 나는 그 장국을 먹고 자랐다.

순천과 벌교의 경계선에 '진트재'가 있다. 진트재 전망대에는 낙안금둔사 주지 지허指墟스님이 쓴 〈나 이제 진트재에 오르니〉라는 시비가 있다. 진트는 진토의 사투리다. 진토塵土란 정토淨土와 맞선 세속을 가리키는 말이다. 이곳 벌교읍 징광리에 있었던 고찰 징광사와 관련이 있는 이름으로 서방정토西方淨土, 즉 극락세계를 이르는 말이다.

주먹 자랑 마라는 땅
깔담사리(꼴머슴) 하나가
맨주먹으로 맨주먹으로
왜놈 헌병 열을
죽게 패주었다는 곳

이 시의 주인공 담산은 전설적인 실존 인물이다. 그의 본명은 안규홍, 담산은 그의 애칭이다. 그는 열 살 때부터 홀어머니를 부양하기 위해 남의 집에서 깔담살이를 했다. 의협심이 강한 담산은 벌교 장날 지게에 땔감을 지고 팔러 왔다가 조선인을 채찍질하는 일본인 헌병을 맨주먹으로 때려눕혔다. 이 이야기가 돌고 돌아 '벌교 가서 주먹 자랑하지 마라'라는 지역 특유의 속담이 생겨나고, 벌교가 마치 깡패 소굴인 것처럼 잘못 알려지기도 했다.

청년 담산은 조국이 일제에 먹히자 1907년 누란의 위기에서 나라를 구하려는 충심에서 의병을 일으켰다. 1년 6개월 동안 신출귀몰한 전법으로 보성 순천 지역 일본인 순사 군인 일진회원 등 200여 명을 사살한다. 결국 일본 경찰에 체포되어 1910년 대구형무소에서 순국했다. 당시 일제 통감부에서 그를 거괴巨魁라 부를 정도로 명성을 날린 의병장이었다. 그의 의로운 피가 흐르는 고장이 바로 벌교이다.

벌교가 보성군에 속한다는 사실을 의외로 모르는 사람들이 많다. 벌교 사람들은 누가 고향을 물으면 '벌교'라고 대답하지, 보성이라고 말하지 않는다. 그만큼 주민들은 '벌교'의 지역 이미지에 대한 자존심이 강하다.

회정리 앞 넓은 간척지는 일제 강점기에 일본인 중도中島가 갯벌에 방죽을 쌓아 만들었다. 중도는 농민들에게 공사가 완공되면 소작을 준다는 조건으로 노동력을 착취했다. 나라가 해방되면서 농민들은 그 땅이 당연히 자기들 소유가 될 줄 믿었다. 하지만 그건 헛된 꿈이었다. 해방 후 혼란한 틈을 이용한 지주들이 중도가 야반도주하기 직전 헐값으로 매입

해 그 토지를 약취하다시피 하고, 항의하던 소작농들은 소작논을 떼이거나 경찰서 유치장에 투옥당했다. 가난한 농민들의 허탈감은 이루 말할 수 없었다.

해방 3년 후인 1948년 10월 19일 드디어 사건이 발발했다. 사흘째 되던 날 정오쯤 반군이 벌교에 들이닥쳤다. 세상이 바뀐 것이다. 가난에 찌든 농민들은 내심 이들을 환영하고 그 일부는 반군에 가담하기도 했다. 벌교를 점령한 반군의 피의 숙청이 시작되었다. 가난한 농민들을 수탈한 지주들과 군경의 가족 등 반동분자로 지목받은 사람 대부분이 소화다리에서 총살되어 다리 밑 바닷물 속으로 사라졌다. 그 후 일주일 만에 다시 수복되자 이번에는 군경이 휘두른 칼에 의해 피의 보복이 반복되었다. 하지만 이 사건으로 양 진영에서 피해를 당한 사람들은 사상이 무엇인지도 모르는 가난한 농민들이었다.

고향 마을 세동 뒷산에 고려시대 창건되어 1680년 폐사된 징광사澄光寺라는 고찰이 있었다. 인근 송광사와 선암사를 말사로 둘 정도의 규모가 큰 절이었다. 주로 불경 등 불교 서적을 인쇄하던 사찰로 송광사 박물관에 그 불경이 지금도 보관되어 있다. 징광사가 폐사된 이유는 이조 중엽 대화재 때문이라는 설이 유력하다. 보성에서 제일 높은 산이 징광산,

주위에 있는 산이 백이산, 석거리재, 천치재, 진토재 등 불교와 연관 된 지명은 지금도 그대로 남아 있다.

'벌교' 하면 뭐니해도 조정래 작가의 역작 대하소설 〈태백산맥〉이 떠오른다. 벌교를 소설의 시대적 공간적 배경으로 삼은 덕분이다. 작가는 선암사에서 태어나 벌교에서 초등학교에 다니면서 어린 시절을 보냈다.

조정래 소설의 첫 무대인 회정리, 소화가 살던 그 집터에 '태백산맥 문학관'이 세워지고, 그 소설에서 빨치산 강동식의 아내인 외서댁을 '쫄깃쫄깃한 겨울 꼬막 맛'이라고 비유한대서 꼬막이 일약 명성을 얻어 그 덕분에 '꼬막 정식'은 전국적인 유명음식이 되고 쇠락해 가던 벌교 일대는 전국에서 찾아오는 문학 성지가 되었다. 이처럼 문학은 힘은 대단하다. 조정래 선생 불후의 명작 〈태백산맥〉이 이룬 기적이다. 전국 많은 관광객이 순천만 정원을 둘러보고 벌교를 찾아 꼬막 맛을 보고, 회정 태백산맥 문학관을 찾는다. 벌교는 명실공히 문학 관광의 메카가 되었다.

와온 저녁노을

　순천만 포구는 넓은 갈대밭을 안고 있다. 순천만 습지라고 불린다. 그 바닷가 마을로 들어가는 샛길 따라 걷다 보면 고운 이름을 가진 마을이 여럿 자리 잡고 있다.
　와온은 그들 여러 마을 가운데 하나로 순천만 해넘이를 볼 수 있어서 많은 사람이 즐겨 찾고 있다. 처음 이곳 바다에 들어서던 때의 기억이 난다. 여수로 가는 해안도로를 따라 걷다가 문득 들어선 바닷가 마을에서 해넘이 풍경을 볼 수 있었다. 해가 갯물 끝에서 붉은빛으로 바다를 곱게 물들이며 저 멀리 고흥반도 팔영산 고개를 넘어가고 있었다. 해가 영과 육으로 빚어 놓은 듯한 찬란한 노을이 참으로 장관이었다.

와온臥溫, 그 이름이 내게 경이를 주었다. 따뜻하게 누운 바다. 하루의 노동을 끝내고 몸과 마음이 한없이 정직해지고 부드러워졌을 때 만날 수 있는 정결한 평온이 포구의 이름에 깃들어 있다.

와온의 개펄은 송두리째 모두 너울이다. 정지된 건 하나도 없다. 어느 곳에 시선을 준다 해도 그건 숨 쉬며 너울너울 살아 있다. 바다가 어깨를 들먹거리든지 시간이 춤사위를 펼치고 뭔가가 넘실거린다. 그걸 나는 시간의 너울이라 부른다. 속내로 무늬를 그리며 출렁거리는 그 결의 아름다움은 종일 바라보아도 질리지 않는다.

개펄 위에서 한 무리의 아낙들이 꼬막을 채취하고 있다. 아낙들은 널이라고 불리는 소나무로 만든 널판에 한쪽 무릎을 올리고 다른 한쪽 발로 밀어서 움직인다. 겨울 햇살이 느릿느릿 움직이는 아낙들의 등을 비추는 모습이 한 폭의 그림 같다. 사실 아낙들의 이 노동은 감당할 수 없을 만큼 힘든 일이다. 그럼에도 이들의 노동은 한없이 따뜻하고 평온하게 느껴진다. 인간이 자신의 생존을 위해 노동하는 모습만큼 건강하고 순결한 아름다움을 다른 어디에서 찾을 수 있을까.

 와온 바다에는 작은 섬이 하나 떠 있다. 바다가 빈 마음으로 밀려오고 빈 마음으로 밀려 나가는 것을 하루 종일 지켜보고 있다. 텅 비어 있으니, 온몸으로 저녁 햇살을 받을 수 있고, 텅 비어 있으니 밀려오는 바닷물을 온전히 안을 수 있다.

 와온 바다의 가장 아름다운 시간은 사실은 해넘이 시간이 아니라 만월滿月의 시간이다. 봄날 둥근 달이 바다 위에 달빛을 뿌릴 때 세상은 온통 눈부신 꽃밭이 된다. 고요 속에 달빛 향기가 온 바다를 그윽이 흔든다. 이럴 때 나는, 허름한 삶의 굴레에서 벗어나 눈앞에 펼쳐지는 순결한 꿈에 숨을 죽인다. 가깝고 먼 갯마을의 불빛들, 먼 여행길에서 방금 돌아온 지친 듯한 섬의 그림자들, 알 수 없는 애절한 가락을 떨구며 날아가는 새들, 핍진한 우리 삶 속에 스며들어와 드넓게 펼쳐지는 이 아름다움은 도대체 어디서 오는 것인가?

 천천히 걷고 있던 나는 어느 순간 내가 맨발이라는 걸 알았다. 발아래 툭툭 튀는 달빛을 밝으며 몸 안 어느 구석에선가 신선의 춤사위가 빚어지는 걸 느꼈다. 그날 나는 맨발로 유룡과 노월 파람바구 마을로 이어지는 해안가 달빛 길을 걸었다. 마을의 이름들이 달빛만큼 아름다웠다. 용들은 춤을 추며 노닐고 달빛은 하염없이 쏟아진다. 마을 파람바구는 아마도 바람 소리를 빚어내는 바위를 말하고 있는 듯하다. 용들이 춤을 추며 노니는 그 달밤에 바위는 어떤 피리 소리를 빚을 것인가, 생각만으로도 가슴이 설렜다.

와온 바다에서 여수 소라면으로 가는 길 위의 작은 마을들은 보석상자를 들여다보는 듯한 느낌이 있다. 상봉과 봉전, 궁항, 반월, 달천…. 상봉과 봉전은 봉황鳳凰과 관련이 있는 듯싶다. 봉황이 머무는 밭이라는 의미일 것이니 이미지만으로 아름답다. 봉황은 오동나무 열매를 먹고 산다고 한다. 그래서인지 이들 마을에는 오동나무꽃이 많이 핀다. 오동나무꽃은 동백꽃과 목련꽃처럼 봄밤에 툭 소리를 내며 떨어진다.

궁항 마을은 바다를 향해 팽팽한 활처럼 휘어 있다. 마을 입구 언덕배기에 홍화꽃이 아름답게 피어 있다. 홍화꽃은 잇꽃이라고도 불리며 천연염색 재료로 쓰인다. 노래 '연분홍 치마가 봄바람에 휘날리더라'고 할 때의 연분홍 재료가 바로 홍화꽃이다.

한겨울 순천만은 철새들의 낙원이다. 낙원이라는 말에 부지중 스며들어 있는 인간의 생각은 늘 불편하다. 최초에 이곳을 철새들이 찾았을 때 넓은 개펄과 갈대밭이 우거진 이곳은 그들에게는 이상향이었을 것이다. 하지만 농사를 짓는 사람들에게는 그들은 늘 귀찮은 존재였다. 새들의 낙원이 곧 인간의 낙원일 수는 없었다.

대대 포구에서 화포 쪽으로 나가는 갈대밭 길이 걷기에 좋았다. 바다와 갈대밭 사이에 자리한 둑길 위에 늦게 핀 코스모스 몇 송이가 갯바람에 흔들리고 있다. 어디에나 외로움은 있는 법, 나는 코스모스 한 송이를 꺾어 들고 둑길을 걸었다.

이곳 순천만을 찾는 새 중 진객은 흑두루미다. 시베리아에서 이곳 순천만까지 날아오는 흑두루미, 어떤 간절함이 수천 킬로를 날게 할까. 흑두루미가 찾아올 때쯤이면 갈대꽃이 피어 바람에 한들한들 날린다. 마치 누군가를 기다리는 수줍음 많은 댕기 머리 처녀 같다. 간절함은 곧 그리움이 아닐까.

바닷물에 든 소금은 고작 3퍼센트에 불과하다. 3퍼센트의 소금이 바다를 썩지 않게 한다. 자연생태계의 보전이 3퍼센트의 힘에서 시작되는 것이다. 개펄에 사는 칠게는 밀물이 집을 밀고 지나가도 물이 빠지면 다시 집을 짓는다. 절망의 순간을 받아들이고 무너지지 않는 긍정의 힘으로 다시 일어선다. 칠게는 그렇게 하루 두 번 일 년 내내 새집을 짓는다. 갯벌의 생명 활동이, 철새의 월동이 순천만을 살아 숨 쉬게 한다.

 삶의 어떠한 질곡으로부터도 벗어나 자유로이 하늘을 나는 흑두루미의 비상을 보며 나는 이 순천만 안에 생명을 부린 모든 존재들의 시간 또한 저렇게 유장하고 허허롭기를 바란다.

 해가 뉘엿뉘엿 질 무렵, 이십 대 나의 감수성을 뒤흔들었던 김승옥의 무진기행과 순천만의 갈대밭. 윤희중과 하인숙이 걸었던 그 둑길을 걷다가 그들이 정담을 나누었던 그 집 앞에서 그들이 남긴 대화를 상상했다. 저녁노을이 바다와 내 얼굴을 붉게 물들이고 있었다.

바람과 달빛이 흐르는 곳

한적한 바람 소리에 댓잎이 서로 부르고 비비고 밀어낸다. 계곡의 맑은 물은 저마다의 가슴을 적셔준다. 담장에는 시간의 향기가 머물러 있고 내딛는 곳마다 그림이 되는 곳, 소쇄원을 지인과 함께 찾았다.

담양은 못 담潭과 햇빛陽의 고장. 이곳은 가히 정자와 누각의 고장이라 할 만하다. 면양정, 송강정, 식영정, 명옥헌, 소쇄원 등등이 곳곳에 널려 있다. 낙향한 옛 선비들의 고향이라 할 만하다.

남면 별뫼라 불리는 성산의 자그마한 계곡에 감춰진 소쇄원은 자연에 대한 세심한 배려와 자연과 인간의 조화로운 만남이 어떻게 가능한가를 나직하게 속삭여 주는 곳이다. 이곳의 주인인 소쇄옹 양산보梁山甫선생은 스승 조광조가 화순 능주 적려 유허지에서 사약을 받고 억울한 죽임을 당하자, 세상의 어지러움을 한탄하며 평생을 관직에 나아가지 않았다. 스승의 유허지에서 그리 멀지 않은 이곳에서 심신을 수양하고 학문을 연마하며 후진을 양성하면서 소쇄원을 가꾸어 놓았다. 소쇄원의 곳곳은 나름의 뜻을 담고 있고, 소박함과 단아함, 인공과 자연이 절묘한 조화를 이루고 있다.

 소쇄원瀟灑園이란 이름은 '가슴에 품은 뜻의 맑고 깨끗함이 마치 비 갠 뒤 부는 청량한 바람과 달빛과 같다'라는 의미를 품고 있다. 소쇄옹의 인생에 관한 생각이 어떠했는지 짐작할 수 있다. 지금 남아 있는 모습은 조성 당시에 비해 많이 축소되었고 최근 들어 더욱 사람들의 발길이 잦아지면서 그윽한 정취마저 사라져 가고 있어 안타까운 생각이 들었다.

 소쇄원의 내원은 광풍각과 제월당을 중심으로 대봉대, 연못, 애양단 담장, 계류, 화계를 비롯해 나무 홈대, 물레방아 등의 시설로 구성되어 있다. 광풍각은 소쇄원의 가장 주된 건물로 후면의 단 위에 지은 제월당과 짝을 이루고 있다. 두 건물의 이름은 송나라 때 명필로 이름난 황정견이 주무숙의 사람됨을 이야기할 때 "가슴에 품은 뜻의 맑음이 청량한 바람과도 같고, 하늘의 상쾌한 달빛과도 같다"고 한 데서 유래되었다. 은일 생활로 소일하는 양산보 선생의 마음이 담겨있다.

숲길을 따라 언덕을 오르면 길쭉한 계곡에 소리 없이 물이 흐르고 있다. 계곡 옆으로 잔가지 없이 늘씬하게 뻗어 오른 노송이 있다. 굽힐 줄 모르는 선비의 마음이 서려 있는 듯하다. 고색이 창연한 담이 기우는 햇빛을 받고 있다. 눈이 저절로 담에 쓰인 글씨에 머문다.

애양단, 볕을 사랑하는 담이란 뜻이다. 담을 세운 이는 말이 없다. 매대에 송시열이 쓴 '소쇄처사瀟灑處士'라는 문패대로 이 정각은 그의 거처였다. 처사는 은둔한 선비를 이르는 말이다.

제월당, 비가 갠 뒤 맑은 달의 집이다. 이곳에 오르면 주변의 경물이 한눈에 조망된다. 옹은 맑은 달과 같은 뜻을 기려 이름 지었다. 길손의 눈길은 담 너머 지곡마을, 멍석을 매단 채 쓰러져 가는 흙집과 그 집 추녀 너머로 기어 올라가는 아늑한 산자락에 머문다.

동산 너머 떠오르는 달을 보고, 더 이상 속세에 마음 쓰지 않으리. 제월당의 서까래 하나하나 올릴 때마다 주인은 다짐

했다. 하지만 길손은 마당에서 높게 솟은 감나무 가지에 발갛게 익은 홍시를 마음에 담는다. 까치가 언제 올까.

제월당 마루를 빙 둘러 소쇄원의 풍광을 찬양하고 세운 이의 뜻을 기리는 마음들이 편액에 걸려 있다. 제월당에서 대나무 숲까지 제법 큰 공간이 비어 있다. 예전에는 집이 있던 자리라고 한다.

빈터에 나무들이 앙상한 모습으로 서 있다. 복사나무, 벽오동과 목백일홍, 단풍나무가 철마다 다른 풍정을 보여주었으나 지금은 마른 가지와 줄기만으로 겨울을 나고 있다. 겨울의 침묵은 또 다른 수묵의 세계다. 채색의 화려함과 분주함을 부러워할 것 없다.

광풍각이 제월당 돌계단 아래 있다. 빛과 바람이라니, 소쇄의 산뜻하고 깨끗하다는 뜻과 어울리는 집이 아닌가. 아래는 물이 흐르고, 바둑 두고 거문고 뜯기 좋은 자리이다. 개울 바위 틈새로 물이 졸졸 흐른다. 작지만 그 풍치가 금강산 비룡폭포를 닮은 듯한 비경이다. 광풍각에 앉아 이런 풍광을 바라보면서 시문을 즐겼을 선비들의 모습이 눈앞에 아른거린다.

광풍각의 건너에는 작은 연못이 하나 있는데 그 위쪽에 초정으로 지어진 대봉대가 자리하고 있다. 대봉대는 귀한 손님을 맞기 위해 지은 조그마한 정자다. 봉황을 기다린다는 이름의 대봉대 곁에는 봉황새가 둥지를 틀고 산다는 벽오동나무를 심었다.

무릇 선비란 학문을 하는 사람, 또 학식이 있으되 벼슬길에 나서지 않는 사람을 일렀다. 능력은 출중하되 세속의 명리를 탐하지 않아 고아하다. 하지만 그 이면에는 생활의 곤궁함과 뜻이 이루어지지 않은 데 대한 울분이 담겨 있다. 먹고 사는 문제는 그때나 지금이나 다를 게 없다.

계곡 상류 쪽으로 담 한 구석이 열려있다. 원래 문이 있었던 자리라 한다. 그 담 밑으로 물이 흐르고 있다. 담이 허물어져 물이 흘러드는 것이 아니다. 원래 담을 세운 이는 물속 바위에 오 층 돌을 쌓고 기다란 돌 두 개를 맨 위에 놓아 담을 받치게 했다. 문은 물의 흐름과 아무 상관이 없다.

물은 여전히 흐른다. 흘러 개울을 이루고 연못을 채우며 아래로 흘러간다. 그는 스승 조광조를 그리며 세상 모든 일을 잊고 세월을 보냈다. 그는 광풍각에 홀로 앉아 흐르는 물을 본다. 사시사철 흐르는 물을 보고 또 본다. 끊임없이, 세게 약하게, 거칠게 부드럽게 물은 흐른다. 그의 가슴은 흐르는 물을 보고 스승을 생각하며 덧없는 세월을 한탄했는지도 모른다.

젊은 스승이 붕괴하자, 양산보는 작은 강산에 자신의 낙원을 차렸다. 그는 다시는 대처의 땅을 밟지 않았고 세상 잡사를 글에 담지 않았다. 그는 다만 낙원에서 나무와 돌 위를 흐르는 물줄기를 바라보며 세월을 한탄했다. 흘러라 인연이여, 역사여. 거죽뿐인 육신을 더듬거리는 세월이여. 흘러가라 달빛이여. 그림자여, 내 마음이여. 그 사람은 없다. 그의 벗들도 없다. 그 마음, 그 집이 남았다. 담이 남았다. 소쇄원이 흰 눈을 맞으며 남았다. 대나무의 푸른 빛이 남았다.

아! 나 역시 덧없는 세월을 한탄하며 가야 할 겨울 눈길이 남아 있다.

부석사의 선묘 사랑

소백산 산빛이 곱다. 숲은 푸르게 견디어 온 시간을 잊고 한철 붉어지기로 했다. 숲의 기운에서 발화한 빛깔로 속세의 티끌 같은 각질을 털고 저리 아름답게 물들겠다고 하니 이 얼마나 신비롭고 가슴 떨리는 일인가.

아침 일찍 집을 나서 늦은 오후 영주 부석사浮石寺에 당도했다. 고난의 산맥을 넘어 당도한 들녘에 푸른 절벽처럼 우뚝한 절은 노을에 젖어 있다. 소백 연봉 뒤로 저무는 석양이 무량수전에 비치자, 일몰의 부석사는 깊은 침묵에 묻혀 있다.

부석사 안양루에서 바라본 소백 연봉은 말이 질주하듯이

출렁거리면서 지평선 너머로 달려간다. 이 산하는 흔들리는 산하였고, 부석사의 '뜰 부浮'자처럼 떠 있는 산하였으며, 저무는 산하를 바라보는 나는 물오리처럼 거기에 빠져서 숨을 헐떡이며 자맥질할 뿐이었다. 들판을 건너오는 비스듬한 석양은 무량수전의 천 년 된 기둥 속으로 스며든다.

그 무한강산 앞에서 젊은 사미승이 7세기의 들판을 향하여 저녁 예불의 종을 때렸고, 아미타불은 들판으로부터 고개를 돌려 이승에서 자비를 베풀고 좋은 일을 많이 하다가 죽은 사람들이 가는 곳인 서방정토西方淨土를 바라보고 있다.

무량수전은 정교하면서 세련된 곡선의 미학을 보여 주는 아름다운 건축물이다. 일주문을 지나 찬찬히 걸어 올라가는 길, 기대했던 무량수전 모습은 조금씩만 모습을 드러낸다. 안양루 밑을 지나 계단에 올라섰을 때 눈앞에서 출렁거리는 처마선, 그 곡선의 황홀함에 놀라 문득 뒤돌아보면 저 멀리 펼쳐지는 소백산의 장대한 능선이 겹겹이 펼쳐진다.

무량수전 앞에 서니 날렵한 지붕 곡선이 눈에 들어왔다. 절이 떠서 부석사가 아니라 그 절 마당에서 사람이 둥둥 떠서 부석사인 것 같다. 마치 처마가 춤을 추는 듯 출렁인다. 이것은 물론 일종의 착시겠지만 그 출렁거림 자체는 부인할 수 없다. 그 덕분에 곡선의 효과는 극대화되는 것 같았다. 이 같은 곡선의 미학은 무량수전 건물에 담겨있는 다양하고 절묘한 몇 가지 아이디어에서 비롯되었다. 안허리곡㉿, 귀솟음 등이 그걸 말하고 있다. 안허리곡은 건물 가운데보다 귀퉁이의 처마 끝을 좀 더 튀어나오도록 처리하고 귀솟음은 건물 귀퉁이 쪽을 가운데보다 높게 처리한 것을 말한다.

고려의 건축 장인들은 무량수전에 왜 이런 장치를 넣었을까? 건축물은 정면에서 보면 귀퉁이 쪽 처마와 기둥이 실제 높이보다 처져 보인다. 보는 사람의 눈에서 멀리 떨어져 있기 때문이다. 안 허리 곡과 귀솟음은 이 같은 착시 현상을 막기 위한 고안이었다. 모퉁이 쪽이 처져 보이는 것을 막으려고 일부러 그 부분을 높게 튀어나오도록 설계한 것이다.

여기서 중요한 것은 이러한 건축적 고안이 그 자체에 머물지 않고 서로 어울리면서 빼어난 곡선의 미학을 연출한다는 점이다. 건물 앞면이 마치 볼록거울처럼 휘어져 보이는 것도 안 허리 곡과 귀솟음 덕분이다. 그렇게 휘어진 건물의 곡선은 정지된 것이 아니라 살아 움직인다. 무량수전 앞에 섰을 때, 지붕과 기둥이 출렁거리듯 보이는 것은 바로 이 때문이다. 직선의 목재가 빚은 곡선의 아름다움이다.

이 절을 창건한 신라 의상 법사의 젊었을 때 사랑 이야기는 퍽 흥미롭다. 선묘善妙는 젊은 구도자 의상을 사랑했다. 그는 중국 산동 반도 의상이 묵었던 집주인의 딸이다. 선묘는 의상에게 푹 빠져 이 멋진 구도자를 파계시켜 살림을 차리고 싶었다. 그는 의상의 공부를 정성껏 뒷바라지했다. 하지만 의상은 공부를 마치고 무심하게도 한마디 말도 없이 신라로 돌아간다고 배에 올랐다.

선묘는 의상을 태운 배가 저 멀리 희미하게 사라지자, 그의 영혼이라도 그를 따라가기 위해 그만 바다에 빠져 죽었다. 의상을 향한 애절한 사랑은 죽어서도 변함이 없었다. 의상이 중국에서 돌아와 부석사를 창건할 때 그를 따라온 선묘의 넋은 용이 되어 그를 도왔다고 한다. 그런 후 부석사 무량수전 밑 무거운 돌 밑에서 이 웅장한 화엄종찰을 떠받치고 있다고. 무량수전 뒤편에 사랑을 위해 모든 걸 바친 가엾은 선묘의 영혼을 모신 사당이 있다. 불법의 바다는 넓고, 슬픔의 바다도 그만큼 넓다.

부석사는 신라 화엄종찰이다. 소백의 장엄한 산하는 그 굽이치고 넘실대는 풍경만으로도 이미 한 경전을 구현한 듯한 황홀한 경지를 보여 준다. 무량수전 앞 안양루에서 내려다보이는 연봉의 산세가 그러하다.

10월의 소백산맥은 오색 단풍으로 물들어 있다. 태백산에서 서남방으로 방향을 틀어잡은 산세는 힘찬 기세로 부석사의 먼 남쪽 외곽을 달려 나간다. 형제봉, 비로봉 등이 단연 우뚝하고 수많은 작은 봉우리들이 큰 봉우리들 사이를 앞질러 달려 나가고 있다. 그 아름다운 풍경을 그 어떤 말로도 표현할 길이 없다. 그 풍경을 설명하려는 자에게 오히려 침묵을 명령하는 듯하다. 안양루에 걸린 낡은 현판을 살펴보면, 시인 묵객들의 시구를 찾을 수 있다. 이 웅장한 산하 앞에서 한낱 티끌로 떠도는 인간 존재의 슬픔을 토로하는가 하면, 끝없는 산하와 합치하는 듯한 존재가 부풀어 오르는 자유를 노래하고 있다. 자연의 광대한 매혹만으로 이 여행의 의미를 다 설명할 수는 없다. 이처럼 웅장한 화엄 도량을 건설하던 젊은 의상의 불심을 나 같은 속인이 어찌 짐작이나 할 수 있을까?

젊은 의상의 눈에 부석사에서 내려다보이는 소백산맥의 풍광은 어떻게 비쳤을까. 그는 이미 1,300년 전에 가고 없으나 그 산하의 매혹은 여전히 변함이 없으며 나의 종교적 상상력을 절정으로 몰아가고 있다. 무량수전 안의 아미타불은 그 발아래 산하를 정면으로 마주 보지 않는다. 아미타불은 몸을 옆으로 돌려 동쪽을 바라보고 있다. 건축물도 마찬가지다. 모든 건축물은 다른 건축물과 정면으로 마주치지 않도록 배치돼 있다. 또한 웅장한 산하의 풍경으로부터도 어느 정도 비켜서 있다.

  왜 그럴까. 이걸 생각하고 해석하는 일은 무량수전 곡선의 비밀을 푸는 일과도 연관이 있는 듯싶다. 그러나 어찌 신라 건축 장인들의 그 숭고한 불심과 미학적 깊이를 헤아릴 수 있을까.

  한편 오늘의 부석사는 의상을 향한 선묘의 지극한 사랑이 있었기에 저리 오랜 세월을 버티고 있다는 생각을 지울 수 없다. 나는 부석사 당간 지주 앞에 앉아 애절한 사랑의 주인공 선묘를 상상하면서 선묘가 베고 누운 돌 위에 부질없이 상상의 집 하나 짓는다. 눈물 속에 세속의 집 한 채 지었다 부순다.

화엄매

바람결에 날려온 향긋한 꽃내음이 좋다. 아까시꽃이 건네준 호사다. 하지만 꽃의 아름다움도 한 시절이다. 하여 '화무십일홍'이라 했던가. 방방곡곡 꽃 대궐을 만든 춘삼월의 꽃이 지고 여름꽃이 피어나는 오월, 꽃 진 자리가 보고 싶은 나무가 있다.

'구례 화엄사 화엄매', 꽃피는 시기에 큰 인기를 얻는 매화나무다. 오랫동안 각황전 홍매화로 불리다가 올해 문화재청에서 '자연유산 천연기념물'로 지정하였다. 들매화라 불리는 매실나무와 함께 '화엄매'란 특별한 이름도 얻었다. 이즈음 화엄매는 신록의 향연을 펼친다.

꽃핀 모습으로 널리 알려진 만큼 꽃 진 후는 좀 생경해 보인다. 여느 나무와 마찬가지로 무성한 나뭇잎이 기기묘묘하게 뻗친 나뭇가지를 감싸고 있다. 홍매화 화엄매는 검붉은 꽃으로 유명하고 두 줄기가 꼬여 구불구불한 수형이 독특하다. 하지만 본래 네 줄기였다.

네 줄기였던 나무가 잃은 두 가지의 흔적을 품은 채 서로 기대어 자라올라 더욱 특별하다. 화엄사각황전 옆에서 인고의 세월을 다독이며 수행하는 모습 같다. 네 줄기 온전한 나무였으면 평범하게 보였을 것이다. 꽃 진 뒤 초록빛 옷을 입어도 그 자태는 여전하다.

춘 3월 중순 화엄사를 오르는 계곡 물가에는 푸른 현호색과 얼룩덜룩한 잎 위로 올라오는 얼레지, 노란색 복수초와 산괴불주머니 같은 야생화가 지천이다. 그중에서 현호색이라는 낯선 이름의 야생화가 눈길을 끈다. 꽃 이름을 검색해 보니 종달새라는 뜻이라고 한다. '왜 종달새를 닮았다는 거지?' 하고 생각하는 순간 무릎을 치게 됐다. 꿀주머니 끝부분이 새의 얼굴이고 벌어진 꽃잎은 꽁지 부분이라고 생각하니 영락없는 종달새 모양이었다.

화엄사 각황전의 오른편 도량 뜰에 천연기념물 구례 '화엄매'가 이슬비를 맞으며 붉은 꽃이 활짝 피었다. 이슬비를 맞으며 꽃잎들을 떨구면서도 청아한 기상은 여전했다. 홍매화는 봄이면 따뜻한 자비의 색으로 꽃망울을 어김없이 터트려 왔다. 이끼 낀 고목의 자태 속에 피어난 붉은 꽃잎이 숭고함과 함께 신비로움을 더한다.

화엄사 홍매화는 임진왜란 때 불에 탄 화엄사를 숙종 때 중건하면서 각황전 옆에 기념으로 심었다고 한다. 이후로 300여 년 동안 3월 중순이면 어김없이 꽃망울을 터트린다.

무소유의 법정 스님은 "피어 있는 것만이 꽃이 아니라, 지는 것도 또한 꽃이다"라고 했다. 꽃이 피는 순간도 아름다운 절정이고, 꽃이 질 때도 역시 아름다운 절정임을 화엄사 홍매는 낙화로 말없이 이야기하고 있다. 지는 꽃잎을 배웅하면서 청순한 새싹을 돋우는 홍매화가 함초롬히 비에 젖었다. 굵은 몸통과 이끼 낀 나무껍질은 오랜 세월 모진 풍파를 견뎌온 우리 민족의 애환을, 핏빛의 매화는 어려움을 이겨내고 피어난 백성의 강인함과 인내를 보여주는 듯하다.

내가 홍매화를 처음 본 건 중학교 3학년 때 봄날 화엄사로 수학여행을 와서 사자 석탑 옆 요사채에서 하룻밤을 묵고 다음 날 노고단으로 올라갈 때였다. 그때는 지금보다도 더 붉은빛을 띠고 있었다.

국보와 보물 등 많은 문화재를 보존하고 있는 사찰에서 으뜸 건축물인 대웅전과 각황전은 태산처럼 드높은 위용으로 중생에 대한 자비로움을 표상하고, 그 사이에 홍매가 60년이 지난 뒤에도 의연하게 변함없는 모습은 감동이었다.

법고루 아래 터에서 당간 지주 돌기둥을 살펴보다가, 경주 불국사 석벽과 같은 겹쌓기 석축이 눈에 띄었다. 규모가 제법 큰 바위 표면을 평평하게 다듬고 그 위에 모서리를 사각, 오각 및 육각으로 정과 망치로 세심하게 쪼은 돌들을 지형을 따라 이웃 바위와 맞대어 촘촘히 쌓아 올렸다. 아랫돌과 윗돌을 곡면으로 쪼아 맞춘 맞댐은 곡선미가 아름다웠다.

이곳 석축을 쌓았을 석공의 정성과 기량에 감탄하면서, 기하학적 무늬로 퍼즐 맞추듯 이어지며 이웃 돌과 만나는 조화를 살펴보았다. 석축을 구성하는 바위 조각들의 배열에서 무생물인 바위들도 중생들처럼 얼기설기 인연을 맺고 석축으로 한 무리를 이루고 있다는 생각이 들었다.

화엄사 명부전 옆 오른쪽 도량 뜰에 보리수나무가 연두색 싹을 틔우고 있었다. 연두색의 밝은 색조에 마음이 환해진다. 2,500여 년 전에 싯다르타 태자는 출가하여 오랜 세월 고행을 하였어도 생사에 대한 고뇌와 번민은 여전하였다. 태자는 보리수 아래에 자리 잡고 자신만의 방식으로 새롭게 수행을 시작하였다. '깨달음에 이르지 않으면 결코 이 자리에서 일어나지 않으리라.' 태자의 희망 어린 초발심은 결국 보리수 열매 같은 굳은 깨달음에 도달하였다.

불교에서 불상이 나타나기 이전에, 보리수나무는 부처를 나타내는 대표적인 상징물이었다. 화엄사 보리수나무의 새싹에서 수행의 도구인 백팔 염주로 성장할 꽃눈을 찾아보았다. 도량에서 보리수나무는 참배객들에 성스러운 나무인데 보리수나무를 알리는 안내판은 보이지 않아서 아쉬웠다.

신라 시대에 화랑들의 수련장이었던 노고단과 천왕봉 등 수많은 영봉을 품은 지리산은 생명력 풍부한 여신과 같은 역동적인 영산이다. 지리산의 그 역동적인 여신이 노고단의 노고 할미 이미지로 변형된 시기는 언제부터일까?

남악사 마당에는 300년 수령으로 추정되는 느릅나뭇과의 팽나무가 밝은 새싹을 틔우고 꽃을 피웠다. 그늘진 곳에서 이끼를 잔뜩 키운 돌길이 이슬비에 미끄러워서 걷기가 조심스러웠다. 남악사가 밝게 단장되고, 노고 할미가 아니라 신라 시대 원화源花와 같은 밝고 역동적인 지리산의 이미지를 다시 떠올려 본다.

화엄매는 다시 1년을 기다려야 볼 수 있다. 그 1년이 너무 길다는 생각을 지울 수 없다. 웬일일까.

섬진강 봄빛

밤사이 비가 꽤 많이 내리더니 아침이 되어서는 빗발이 그치고 고운 햇살이 온 누리에 퍼지고 있었다. 이제 또 비바람이 불어닥치면 벚꽃은 더 이상 버티지 못하고 사라질 것이라는 생각이 드니 마음이 바빠졌다. 이때를 놓치면 또 일 년을 기다려야 한다.

나는 벚꽃의 아름다운 풍경에 매혹되어 섬진강을 해마다 찾는다. 밤새 비에 젖은 꽃잎은 분홍빛을 더욱 강렬하게 보이게 하여 새하얀 꽃잎들과 대조를 이루며 서로 도드라져 보였다.

섬진강은 남도 500리 길인 전북 전남 경남 등 세 개의 도와 열두 개의 군을 지나 백운산을 끼고 유장하게 굽이쳐 흐른다. 시원은 전북 진안군 마령면 원심암 마을에서 출발한다. 남원에서 흘러나온 요천강을 끌어안고 흐르던 강은 압록에서 보성강과 합쳐지고, 마침내 수많은 내와 작은 도랑물 모두를 받아 남해로 흘러든다.

섬진강은 아름다운 하동 포구 80리 길을 지나간다. 소설 〈토지〉의 최참판댁으로 가는 이정표를 따라가다 보면 백사청송의 고장 하동을 만난다. 강을 따라가는 강변도로 양편 모두 벚꽃 터널을 이루고 있다.

지리산 쌍계사를 거쳐 칠불사 쪽으로 방향을 잡았다. 화개 벚꽃이 만들어 놓은 십리 길 터널을 지날 때, 이맘때 이곳을 함께 들렀던 옛 얼굴들이 문득 떠올랐다. 한껏 설렘과 흥겨움을 나누었던 풋풋한 그 시절, 그 얼굴들…. 그러나 무심한 풍경 탓일까, 옛 친구들은 모두 떠나고 없다. 그때나 지금이나 꽃은 여전하다. 하지만 나 혼자라는 사실이 외롭다. 바람이 꽃비를 뿌리니 길가에는 무수한 꽃잎이 쌓여가고 있다.

벚꽃길에는 많은 사람이 걷고 있다. 친구인 듯싶은 서너 명의 중년 여성들이 줄기차게 수다를 떨면서 앞서가고, 소풍을 나온 듯한 대여섯 명의 할머니들이 벤치에 모여 쉼 없이 대화를 나누는 모습이 정겹다.

한 모녀가 걷고 있다. 어머니는 허리가 굽은 채 오른손으로 지팡이를 짚고 왼팔은 딸을 잡고 천천히 걷는다. 딸 쪽으로 몸이 많이 기울어져 있어서 딸이 어머니를 부축하며 걷고 있다. 힘들어 보이지만 그들의 표정은 밝다. 말을 주고받으며 걷는 모녀 모습이 퍽 다정해 보인다. 딸은 어머니에게 무엇인가를 열심히 설명하고 있었다.

나는 어머니 생전 한 번도 모시고 꽃길을 걷지 못했다. 심한 부끄러움을 느끼면서 깊은 회한에 젖는다. 주인을 따라 아장아장 걷는 어린 강아지 한 마리가 관심을 끈다. 주인 곁에서 다른 사람을 볼 때마다 인사하듯 꼬리를 흔들면서 걷는 모습이 귀엽다.

걷기는 외부 동력을 이용하지 않는 여행이고, 존재의 약동이며, 존재의 광합성 운동이다. 걷는 동안 마음에 어지럽게 널려 있던 생각들이 정리되고, 잡다한 생각의 조각들은 융합되며 새로운 생각을 낳는다. 늘 새로운 생각으로 글을 써야 하는 나에게 걷기는 휴식과 충전의 기회이다. 오늘처럼 꽃길 걷기 효과는 무엇보다도 사유와 감각의 풍요를 일군다.

바람에 날리는 꽃잎을 보는 순간, 내 인생도 저 꽃잎을 닮았다는 생각에 사로잡혔다. 꽃이 지금 피어 있듯이 현실을 살아가고 있는 나 또한 한순간 피었다 지는 꽃잎이 아닌가.

세상의 모든 생물은 결국 사라져야 할 운명을 안고 태어난다. 눈에 보이는 건 어느 날 보이지 않는 세계로 길을 떠나야 한다. 보임과 사라짐은 궁극적으로 같은 작용이다. 지금까지 살아오면서 나의 몸과 마음, 나의 안팎에 덕지덕지 달라붙은 모든 건 결국 나를 떠나 빠져나간다. 벚꽃의 개화와 낙화 앞에서 '나'를 발견하고 세상의 순리를 깨우친다.

걷기는 하늘과 태양과 바람을 가슴으로 품는 일이고, 빛으로 가득 찬 누리 속에서 자유롭고 고독하게 몸을 끌고 나아가는 활동이다. 꽃잎이 바람에 날리는 풍경을 바라보며 걷는다. 전진의 리듬에 나를 맡기며 걷는 행위는 청량한 기쁨을 안겨 준다. 미련, 집착 등의 잡스러운 생각은 낄 틈새가 없다. 그냥 내 앞에 펼쳐진 아름다운 풍경을 관조하며 즐길 뿐이다.

벚꽃이 만발한 강변 풍경은 아름답다. 자연이 빚은 색 가운데 가장 마음에 끌리는 빛깔을 발견하고 걸음을 멈추었다. 그건 봄날 햇살에 마침내 잎눈을 비집고 세상에 나온 첫 이파리들이 머금은 연둣빛이었다.

아! 어찌 저런 빛깔이 있을 수가!

강변의 아침햇살이 투명하게 뚫고 지나가는 그 어린 연둣빛과 벚꽃이 빚어내는 환상적인 앙상블은 아름다움의 극치였다. 그 표현하기 힘든 연둣빛과 그 사이로 반짝이며 흐르는 강물과 건너편 둑에 아스라이 피어난 벚꽃과 개나리와 진달래꽃 등 봄빛이 연출한 다채로운 풍경에 한참을 푹 빠져 있었다.

바람에 지는 꽃잎에 잠시 슬픔에 젖는다. 그러다 햇살 머금은 투명한 연둣빛 이파리들을 바라보면 그 순간 내 삶의 경쾌함이 다시 기지개를 켜고 일어난다. 걷기는 존재의 충만함이고 자기 성찰이며 살아있는 자가 누릴 수 있는 기쁨이다.

걸어야 한다. 살아남기 위하여! 오늘처럼 꽃길을 따라 걷기도 하고 더러는 산 능선을 타고 하염없이 걷기도 한다. 생각을 곱씹으며 걷는 동안 생각은 가지런해지고 의혹과 혼란의 먹구름은 말끔히 걷힌다. 그다음 가슴 한편에 맑은 샘물이 솟듯 기쁨이 솟아난다.

벚꽃길을 걷는 동안 섬진강을 노래한 한 편의 시가 생각난다.

우리가 이 땅에 나서 이 땅에 사는 것
누구누구 무엇무엇 때문이 아니구나

비질 한 번으로 쓸려 나갈
온갖 구호와
토착화되지 않을
이 땅의 민주주의도
우리들의 어설픈 사랑도 증오도
한낱 검불이구나
빗자루를 만들고 남은 검불이구나 하며
나는 헐은 토방에 서서
아버님 어머님 속으로 부를 뿐
말문이 열리지 않는구나
목이 메이는구나

― 김용택, 〈섬진강 12〉

순천만 포구

 중학교 2학년 때 형을 따라가 생애 처음 본 순천만 포구는 몹시 성나 있었다. 발정기에 든 암말처럼 나를 향해 돌진해 오다, 호소라도 하듯 내 발아래 하얀 거품을 쏟고는 다시 물러가고 그러다가 헛되이 거품만 남기고 아득히 수평선이 되어 물러나곤 했다.
 지금도 그 바다는 유일한 동경의 대상이다. 열다섯 살에 받은 감동과 경이는 이제 기억 속에서 가능할 뿐이다. 하지만 그 짭짤한 해초와 갈대밭에서 풍기는 바닷냄새는 잊히지 않는다. 어린 시절 추억이 담긴 영상 뒤에 잔잔히 번져오는 배음背音 같은 냄새, 그 냄새가 그립고 생각나면 나는 순천만 포구를 즐겨 찾는다.

순천만 포구는 대표적 명승지인 국가 정원을 품고 있다. 동천과 이사 천이 만나는 지점에서 시작되어 순천만에 이르기까지 10리 길 갈대밭은 수많은 생명의 보금자리이다. 바람 부는 날 갈대밭에 서면 나 역시 갈대처럼 흔들린다. 뿌리 깊어 흔들려도 다시 일어나고, 잘리어도 어김없이 새순 돋는 갈대의 생명력에 상한 영혼도 정화된다. 겨울이 오면 하늘을 향해 하얀 꽃부리를 날리는 갈대는 이듬해 어린 새순이 기댈 수 있도록 야윈 몸 쉬 눕히지 않고 꼿꼿이 서 있다.

순천만의 갯벌은 고흥반도와 여수반도 말단부가 만의 입구를 막고 있는 형상으로 입구가 좁고 내부가 넓은 호리병과 같은 모습을 하고 있다. 흐르는 유량이 비교적 풍부하다. S자형 강과 육지에서 흘러나오는 물길들이 만들어 내는 크고 작은 곡류曲流는 물에 투영되는 빛의 색깔과 조위의 깊이, 계절의 변화에 따라 형형색색의 아름다움을 연출하고 있다.

대대 포구에서 갈대밭을 지나 용산전망대에 오르면 시원한 갈대밭 전경이 눈앞에 펼쳐진다. 남쪽 바다를 향해 흘러가는 부드러운 곡선의 물길과 광활한 갯벌에 자라나는 신기한 원형의 갈대밭, 아득히 먼 곳에 고흥 팔영산이 첩첩이 펼쳐져 어디에서도 볼 수 없는 산수화를 조성한다.

　바람 부는 날이면 바람길을 따라 흐르는 갈대는 황홀하기만 하다. 초겨울이면 갈대꽃이 한껏 솜처럼 부풀어 올라 참새 입김에도 떨어진다. 용산 너머 앵무산 산마루 위로 해가 떠올라 햇살이 산을 넘어 갈대밭에 내려오면 갈대꽃은 햇솜이 된다. 아침햇살 머금은 갈대꽃은 한바탕 바람이 세차게 불어오면 하늘 높이 솟아올라 눈송이처럼 사뿐히 내린다. 해 뜨는 이른 아침에만 잠깐 볼 수 있는 진풍경이다.

　갈대는 사계절 아름다운 모습으로 우리 곁에 있다. 갈대는 오염 물질 정화 작용으로 더불어 사는 뭇 생명들에게 쾌적한 환경을 만들어 준다. 갈댓잎은 붉은 말똥게와 가지게, 칠게 등의 먹이가 되고 갯지렁이 등 갯벌 생물의 먹이인 유기쇄설물을 만들어 준다. 넓은 갈대밭은 흰뺨검둥오리, 쇠오리 같은 물오리와 덤불해오라기, 흰눈썹뜸부기, 개개비, 붉은머리오목눈이, 참새, 멧새, 너구리, 수달 등 다양한 야생 동물들이 살아가는 보금자리이기도 하다.

　하루에 두 번씩 바닷물이 들고 나면 생겨나는 바닷가의 너른 벌판이 바로 갯벌이다. 그 갯벌에는 갈대만이 자라는 게 아니다. 육지와 가까운 상 조간대의 갯벌은 염분 농도가 비교적 낮아 칠면초의 군락지이며 통통마디 같은 염생식물도 자란다. 가을이면 붉은색 칠면초군락과 황금빛 갈대의 물결, 검은 갯벌이 신비로운 풍경을 만들어 낸다. 칠면초는 일곱 번 색깔이 변한다고 붙여진 이름이다.

순천만의 대표적 갯벌 생물은 짱뚱어다. 툭 불거진 두 눈과 까무잡잡한 피부를 갖고 갯벌 위를 활기차게 기어다니는 물고기이며 꼬리지느러미를 이용해 뛰어오르기도 한다. 갯벌이 얼어붙은 겨울에는 갯벌 속에서 잠을 자기 때문에 잠둥어라고도 한다. 우스꽝스러운 외모와는 다르게 깨끗하고 건강한 갯벌에서만 산다. 여름 철새인 중대백로나 왜가리는 짱뚱어와 망둑어를 잡아먹는다. 하지만 순천만을 찾는 철새들과 물고기를 부양하는 주된 먹이는 따로 있다. 그건 갯지렁이다.

매년 10월 하순이면 순천만은 겨울 철새 마중으로 분주하다. 대대 포구 주변 논밭에 수확한 벼를 뿌리고, 갈대로 가림막을 만들어 도시 불빛이 순천만으로 들지 못하게 한다. 흑두루미, 청둥오리, 고니가 겨울을 날 수 있도록 배려한다. 3월 하순이 되면 철새들은 이곳을 떠나지만, 떠나는 철새나 보내는 사람들 모두 다시 만날 것을 기약한다. 철새 맞이는 사람과 자연이 만들어 낸 가장 따뜻한 감동의 드라마 중 하나이다.

순천만 주변 마을 이름은 학산리 선학리, 송학리, 학동, 황새골 등 철새와 관련된 지명이 많다. 예로부터 송학은 황새를 일컫는 말이었고, 학은 두루미를 말한다. 순천만이 흑두루미를 비롯한 철새들의 서식지가 된 건 우연이 아니다. 동네 사람들의 이야기를 들어보면 흑두루미는 먼 옛날부터 찾아온 철새였다. 매년 겨울이면 흑두루미와 검은목두루미, 재두루미, 노랑부리저어새, 큰고니, 흑부리오리 등 수천 마리 물새들이 찾아와 월동했다고 한다.

두루미는 인간과 친밀한 존재로, 장수와 행운, 부부애, 고귀함을 상징한다. 두루미는 실제 30년 이상 살며, 일생 짝을 바꾸지 않고 일부일처로 산다. 과거 2000년대만 해도 순천만 갯벌에 겨울이 오면 수천 마리의 흑부리 오리가 갯벌을 하얗게 덮었다. 윗부리의 혹이 커 흑부리오리라고 불리는데, 꼬막 양식을 하는 이곳 어민들에게는 마냥 곱지만은 않은 존재였다. 그러나 해마다 많은 철새가 순천만을 찾는다는 건 이 지역이 어패류 생산성이 높고, 청정지역임을 반증하고 있다.

겨울 순천만은 바람, 물, 철새로 가득하다. 그러나 그들도 떠난다. 바람이 떠난 빈 하늘, 물이 빠진 빈 갯벌, 철새가 떠난 빈 들판은 어패류가 자유롭게 숨 쉬는 땅이 된다. 바람이 불면 갈대는 바람이 이끄는 대로 눕는다. 바람이 지나가면 갈대는 언제 그랬느냐는 듯 다시 일어선다. 아무리 강한 바람이 불어와도 갈대는 의연히 잠시 눕지만, 다시 일어선다.

햇살 좋은 날, 바닷가에서 즐긴 잠깐의 여유. 바쁜 일상 중에 이렇게 또 잠시 쉼표 하나를 남겨 본다. 중학생 때 추억을 더듬으면서 그때의 그 냄새를 찾아 나는 맨발로 둑길을 걷는다.

대덕산 꽃바다

초여름, 우거진 녹음이 산색을 온통 풀빛으로 물들이고 있다. 젊어서 함께 산을 즐기던 친구 K, J와 셋이 강원 태백에서 일박한 후 태백과 정선의 경계인 두문동재를 향해 아침 일찍 산행을 시작했다. 젊은 시절 한때 열정을 다 쏟아부으며 미친 듯이 산을 찾았었다. 산에는 도원경桃源境이 있었고 영원한 푸른 바람이 있기 때문이다. 그 바람을 따라 산을 넘나들기를 무던히도 좋아했었다.

두문동재는 짙은 안개에 휩싸여 있다. 금대봉에서 대덕산으로 이어지는 능선은 국내에서 생태의 다양성과 식생이 가장 우수한 곳으로 평가받는 야생화 군락지다. '꽃바다'라는 별칭처럼 봄부터 가을까지 온갖 들꽃이 피고 진다.

오래전부터 마음에 두었던 산행이어서 두 달 전 국립공원공단 예약센터에서 예약했다. 다른 팀이 섞인 여덟 명이 공원 해설사와 함께하는 산행이었다. 매년 4월 20일부터 9월 30일까지 하루 500명에게만 허락된다. 두문동재에서 검룡소 주차장까지 전체 거리는 9.4km, 약 4시간 30분이 걸린다. 하지만 야생화 꽃길이어서 시간이 더 걸릴지도 모른다.

두문동재 출발 지점이 해발 1,200m가 넘어 날씨가 서늘하다. 길 주변에 자란 키 큰 나무가 시원한 그늘을 드리우고 있다. 듬성듬성 볕이 스며드는 나무 아래는 온통 녹색의 바다. 가녀린 대궁에 노란 꽃을 감아올린 감자난초, 분홍빛 꽃송이 쥐오줌풀, 초록 잎사귀에 진노랑 꽃잎이 돋보이는 태백기린초 등도 눈길을 끈다.

숲은 어울림이다. 야생화는 잘 가꾼 꽃밭처럼 화려함을 뽐내기보다 여러 들풀이 어우러져 건강함을 유지한다. 순천만 정원에서 인공으로 조성한 나무숲과 꽃밭과는 달라도 너무 달라 비교가 안 된다. 자연미의 극치이다. 꽃송이가 탐스럽지 못하지만 앙증맞은 크기로 특유의 색과 향을 자랑한다. 숲에선 색이 곱지 못하거나 눈에 띄지 않은 식물도 홀대받지 않는다. 존재가 잘 드러나지 않아 오히려 귀한 대접을 받는 야생화도 허다하다.

길잡이로 동행한 해설사가 어둑한 길섶에서 나도수정초를 발견하고 흐뭇한 미소를 짓는다. 꽃대와 꽃잎이 차돌처럼 반투명한 흰빛이다. 이런 식물도 있구나 싶을 정도로 신비로운 자태다. 청초한 아름다움을 간직한 꽃을 보니 마음이 여유로워진다. 지나간 삶도 아름답고, 현재도 아름답고, 남은 세월도 아름다울 거라는 생각이 드니, 허무할 것도 없이 있는 그대로의 삶을 살 수 있을 것 같다. 나도수정초가 오늘 내게 준 선물이다.

"숲을 가꾸고 조율하는 보이지 않는 손이 있다. 과학기술이 우주까지 뻗어가는 시대라지만 늘 밟고 다니는 자연에서 무슨 일이 일어나는지도 제대로 파악하지 못하는 게 우리 인간의 수준이다."

자연 생태에 해박한 해설사의 이야기이다. 나는 처음 듣는 희귀종 꽃 이름을 귀로 듣고, 눈으로 확인하고 수첩에 메모하느라 정신이 없다. 5~6월 손톱보다 작은 꽃을 피우는 대성쓴풀과 기다란 꽃대에 몇 개의 꽃이 드문드문 달리는 나도범의귀는 한반도에서 백두산을 제외하고 태백산에서만 발견되는 희귀종이라 한다.

두문동재에서 약 20분을 걸으면 금대봉과 고목나무샘 갈림길이 나온다. 갈림길에서 금대봉 정상까지는 급경사 오르막이다. 금대봉 정상을 포기하고 고목나무샘으로 방향을 잡았다. 여기서 다시 한번 탐방 예약 확인 절차를 거친다. 우리의 아름다운 금수강산을 가꾸고 보존하기 위한 국립공원관리공단의 노력이 가상하다.

내리막 능선에서는 일시적으로 시야가 확 트인다. 백당나무와 고광나무의 새하얀 꽃송이가 우거진 녹음을 배경으로 화사하다. 옛날 화전민들이 거주하던 산 중턱은 일본잎갈나무 조림지로 변했다. 화전민들이 소나무를 모두 베어내 민둥산이 되어 속성수인 일본잎갈나무로 조림할 수밖에 없었다는 설명이다. 짙은 비구름에 가려 나무 끝이 보이지 않을 정도로 하늘 높이 쭉쭉 뻗었다.

이곳에서 내리막 피나무 쉼터를 지나면 분주령이다. 분주령은 태백과 삼척 산골 주민들이 오가던 길목이다. 이 산줄기는 태백 상사미동에서 삼척 도계읍으로 넘어가는 건의령과도 연결된다. 고려의 마지막 왕 공양왕이 실권을 빼앗기고 삼척으로 유배온 뒤 살해되자, 그를 따르던 충신들이 관복과 관모를 벗어 던지고 태백산으로 몸을 숨겼다는 전설이 전해지는 곳이다. 등반 출발점인 두문동재 명칭은 다시는 바깥세상에 나아가지 않으리라는 신념의 표현, 즉 두문불출에서 유래했다고 한다.

검룡소에서 대덕산 정상까지는 지나온 길에 비하면 상대적으로 가파르다. 그러나 바위 하나 없는 푹신푹신한 흙길이라 한 걸음씩 옮기다 보니 어렵지 않게 어느새 정상이다. 이 구간에선 이미 꽃이 지고 있는 눈개승마 군락, 이름처럼 은은한 자태를 뽐내는 은대난초, 흑갈색 종 모양 꽃을 아래로 떨군 요강나물, 황적색 꽃잎을 곤추세운 날개하늘나리 등 희귀식물도 볼 수 있었다.

마침내 대덕산 정상이다. 시야가 사방으로 확 트인다. 마침 흩뿌리던 비가 그치고 하늘이 파랗게 드러났다. 지나온 산골짜기로 안개가 바람 따라 이동하고, 제법 넓은 초원에는 이름을 셀 수 없을 만큼 많은 야생화가 지천으로 피었다. 천상의 화원이 절경 속에 펼쳐진다. 고랭지 배추밭인 매봉산 바람의 언덕에서부터 함백산과 금대봉, 하이원리조트가 들어선 백운산까지 태백의 산줄기가 우람하고 장엄하다.

대덕산 정상에는 제법 넓은 초지가 펼쳐져 있다. 현재 범꼬리와 전호, 수영 등이 군락을 이루고 있다. 비가 그치자, 태백 준령 사이사이로 운무가 일렁거린다. 계곡까지 내려오면 검룡소와 주차장으로 가는 길이 갈라진다. 한강의 발원지 검룡소는 다음으로 미루고 온통 짙은 녹음으로 덮여 있는 검룡소 주차장으로 내려간다.

소백산맥이 갈라지는 매봉산 능선에는 바람개비가 돌고, 그 산기슭에는 대규모의 고랭지 배추밭이 조성돼 있다. 전망대에 오르니 고랭지 밭과 마을 풍경, 태백 준령이 한눈에 담긴다. 맞은편 삼척의 우람한 산세도 한눈에 들어온다.

어느새 하루해가 서산으로 기운다. 해설사님의 친절한 해설이 오늘 산행의 즐거움을 배가해 주었다. 서울에서 왔다는 산벗들도 몸은 피곤해 보여도 얼굴엔 웃음꽃이 만개해 있다. 참 오랜만에 맛본 산협의 짙은 녹음과 야생화 군락의 아름다움은 오랫동안 잊지 못할 것 같다. 정신이 아득하고 몽롱해지면서 온몸이 깊은 바닷속으로 가라앉는 느낌이었다.

풀꽃

이즈음 마을 길을 걷다 보면 풀꽃을 많이 볼 수 있다. 무리 지어 피어 있어서 그렇지, 꽃 하나하나는 눈에 띄지 않을 만큼 작다. 들녘에는 그보다 훨씬 많은 풀꽃이 피어 있다. 고마리, 쑥부쟁이, 여귀꽃, 새우난초, 홀아비바람꽃 등.

나태주는 〈풀꽃〉이란 시편에서 "자세히 보아야/ 이쁘다/ 오래 보아야/ 사랑스럽다/ 너도 그렇다"라고 했다. 이 시는 단순한 문장으로 이루어져 있지만 그 속에는 깊은 사색과 지혜가 담겨 있다. 숲이나 길섶에 있는 둥 마는 둥 낮게 엎드려 피는 풀꽃. 자세히 보아야 이쁘고, 오래 보아야 사랑스럽단다. 이 시의 결미가 모든 게 함축되어 있다. '너도 그렇다' 이 시구가 구름 낀 나의 눈꺼풀을 열어 주었다.

풀꽃은 작은 꽃이 아니며 상품으로 팔고 사는 꽃도 아니다. 풀꽃은 이 세상의 모든 야생화의 목록에 이름이 등재되어 있는 꽃이다. 바람과 달빛과 별빛이 피워 내는 꽃 중의 꽃이고 어떤 꽃보다 사랑스럽고 아름다운 꽃이다. 풀꽃은 강풍보다는 소슬바람, 한낮보다는 해 질 무렵, 소나기보다는 가랑비를 좋아한다. 길가나 숲길에 수수한 모습으로 외롭게 홀로 피어 있는 풀꽃을 만나면 저절로 기분이 상쾌해진다.

집 근처 꽃가게에 들렀다. 꽃값이 풀꽃 등 야생화는 한 포기에 5천 원이고 수입종은 2천 원이다. 우리 들판에 피어나 아무도 거들떠보지 않던 야생의 풀꽃이 수입종 꽃보다 비싸게 팔리고 있어서 반가웠다. 그러고 보니 우리 풀꽃도 서양 종과 견주어 전혀 부족함이 없고 작고 앙증스러운 모습이 더 예뻐 보였다. 화려하고 요란한 꽃들을 싫증 나도록 누린 연후에야, 비로소 우리 풀꽃의 아름다움을 알게 된 모양이다.

'보잘것없는 것이 세상을 바꾼다'라는 아주 평범한 진리를 가르쳐주는 풀꽃. 그늘진 응달, 한겨울 살얼음 아래, 크고 웅장한 나무들 사이, 두텁게 앉은 낙엽 밑, 사람들의 주목을 받지 못하는 외진 곳에서 묵묵히 꽃을 피우고 자신의 존재를 드러낸다. 풀꽃은 시멘트의 균열 사이, 전봇대 아래, 건물의 틈새, 경계석, 그리고 마을의 뒷길에서 흔히 피어난다. 사람의 손길이나 도움 없이 한 줌 흙만 있다면 어디든 살아 움트는 존재. 잡초라 불리는 풀꽃의 참모습이다. 독하고 험난한 세상에서 지치고 힘들 때, 척박한 땅에서 자라나는 소박하고 보잘것없는 풀꽃은 우리에게 위안을 준다.

자연이 그리운가? 흙을 밟고 사는 곳에는 풀꽃이 있다. 그 곳이 어디든 인간이 살아가는 곳에서 함께 숨 쉬고 싹을 틔우는 풀꽃에서 삶, 인간, 존재의 의미를 찾을 수 있다. '잡초'라는 말을 사전에서 찾아보면 "빈터에서 자라며 생활에 큰 도움이 되지 못한 풀"이라고 정의되어 있다. 누가 심지도 않았는데 자라는 식물 혹은 농경지에 심은 작물들 옆에 자라서 생장에 방해되는 식물을 잡초라고 부른다. 그런데 잡초라는 식물도 알고 보면 제각기 쓸모와 역할이 있다.

잡초의 특징은 뭐니 해도 강인한 생명력이다. 그 생명력에 몸살을 앓은 분이 내 어머니다. 그 뜨거운 뙤약볕에서 여름내내 잡초와 씨름하던 모습이 잊히질 않는다. 하지만 잡초는 토양의 유실을 막고 흙을 비옥하게 가꾸는 일을 한다.

결혼식장이나 학교 졸업식장에는 장미나 글라디올러스,

튤립 같은 화사하고 큰 꽃들이 자리를 차지하고 있다. 그러나 이 꽃들은 쉽게 눈길을 끄는 만큼 빨리 시든다. 그건 꽃의 수명을 뜻한 게 아니라 그만 싫증이 쉬 나버린다는 이야기다. 하지만 들꽃은 다르다. 숲길에서 만난 작은 민들레꽃은 하염없이 바라보아도 싫증이 나지 않는다.

숲속 산길에는 벌과 나비가 쉽게 찾아올 수 없다는 점이 안타깝다. 그래도 꽃은 언젠가 찾아올 임을 위해 바람에 몸을 맡기고 아침 햇살에 이슬 머금은 얼굴로 잔잔히 웃고 있다. 그 모습이 전혀 외로워 보이지 않는다.

길가 풀꽃은 재수 없으면 소 발굽에 밟히고, 염소 밥이 되곤 한다. 그 고통을 묵묵히 견디고 감수하는 저 인내. 누구나 관심을 가지고 꽃을 들여다보면 우아하고 고상한 아름다움이 있다. 큰 나무 아래서, 다른 잡풀에 치이면서도 절대 비굴하지 않으며 제 모습을 잃지 않고 저녁 햇살 한 줄기에도, 새벽 달빛 한 움큼에도 얼굴을 붉히는 꽃. 소박하고 단출하지만, 저만의 특유의 멋을 지닌 우리 꽃이다.

풀꽃은 절대로 큰 소리로 떠들지 않는다. 바람에 들릴락 말락 속삭인다. 그건 어린이들이 알아듣는다. 들로 산으로 뛰어다니며 놀던 그 철없던 시절, 풀꽃은 살랑거리는 바람에 몸을 흔들면서 나직이 속삭여 주는 친구였다. 이곳이 낙원이었음을 나중에 알게 되리라고.

봄바람이 불어오면 한라산 영등할망이 손수 피워 내는 선작지왓 평원의 4월 진달래꽃과 5월 말 산철쭉꽃 군락의 아름다움은 인간이 만들 수 없는 신이 빚은 천상의 화원이다. 이들은 1,700미터 고지에서 겨우내 눈속에 파묻혀 있다가 봄날 눈이 녹으면 광활하게 펼쳐진 조릿대 사이에 연분홍이나 빨간색으로 제 모습을 드러낸다. 한라산의 자랑스러운 자생화다. 산 사나이들과 시인들 사랑을 듬뿍 받고 있다.

나는 봄이면 선작지왓을 찾아 작은 꽃잎 속에 아름다움과 진실함을 담고, 수줍어하면서 외롭게 피어 있는 꽃에서 나를 바라본다. 여리고 부드러운 순수함으로 마음을 사로잡는 산철쭉꽃이 좋아 때가 되면 두고 온 애인을 만나러 가듯 한라산을 찾지만, 그게 앞으로 몇 번이나 더 찾을 수 있을지는 알 수 없는 일이다.

숲에서 풀꽃이나 야생화를 보면 그 속되지 아니하고 거짓됨이 없이 주어진 대로 온몸으로 살아가는 모습에서 내 삶은 어떠했는지 조용히 반추해 본다.

4부

설날 풍경

'갓생'
그것이 바로 너다
길 위에 선 돈키호테
살 수만 있다면, 살 수만 있다면!
흰고래 무리 속 외뿔고래
풍경 달다
노래가 있는 삶
설날 풍경
잔인한 달, 3월
늘 푸른 소나무

'갓생'

아침 식사는 사과 한 알, 검은콩 선식 세 숟가락, 우유 한 잔이 전부다. 이걸 다 합쳐도 주먹 하나 크기를 넘지 않는다. 내 위의 크기가 딱 그만하니, 그만큼만 먹는다. 이처럼 소박한 나의 아침 식단을 시작한 지는 꽤 오래되었다.

아침 신문을 펼치니 '갓생' 새로운 글자가 눈에 들었다. 사전을 검색하니 주로 MZ세대가 커뮤니티에서 사용하는 신조어다. 젊음의 향기가 물씬 풍기는 언어다. '갓생'은 신을 뜻하는 영어 '갓God'과 '인생'을 합친 말로, 현실에 집중하면서 성실한 생활, 생산적으로 계획을 실천하는 이른바 '타의 모범'이 되는 삶을 의미한다. 이번 일은 열심히 하지 않았거나 성과가 없었지만, 다음번엔 목표와 계획을 갖고 집중하겠다는 뜻이다.

'갓생'은 미래의 불안감을 떨쳐내려는 일종의 다짐으로, 큰 성공이나 부를 꿈꾸는 대신 매일 조금씩 발전 성장하는 데 더 큰 의미를 두는 MZ세대의 가치관이 반영되어 있다. 2020년부터 이어진 코로나19로 불확실성과 좌절감이 커졌지만 성실함과 꾸준함으로 일상에서 나만의 성공을 만들어가겠다는 것이다. '갓생' 살기 실천법은 일찍 자고 일찍 일어나기, 좋은 습관 들이기, 계획표 짜기 등 평범하지만 일상의 중요한 가치를 담고 있다.

인터넷 검색창에 '갓생'을 입력하자 이에 관한 글이 쏟아졌다. 하루 동안 해야 할 일을 종이에 빼곡히 적어 놓고 실천할 때마다 표를 남긴 뒤 '나, 이만큼 바지런히 살았어요' 하고 인증을 하며 자랑하는 식이었다. 그들이 세운 계획에는 '새벽 다섯 시에 일어나기', '출근 전에 운동하기', '전화 영어 예습하기'처럼 그럴싸한 일도 있었다.

'갓생'이 신선하다는 생각이 들어 계획을 세우고 실천해 보기로 했다. 헬스장에서 운동하기다. 작심 3일이라 했던가. 사흘 실천하고 흐지부지되고 말았다. 나에게 무슨 일을 행동하도록 명령을 내리는 곳이 '뇌'다. 운동복 사놓고 헬스장 표를 끊어놔도 작심삼일이 되는 이유는 뇌에서 '하기 싫어, 그냥 살던 대로 살아'라는 부정적인 습관 때문이다.

'나의 뇌를 포맷'하고 다시 세팅해야 한다. 그게 바로 '명상'이다. 대게 성공한 사람들이 아침에 기상하자마자 명상하고 '긍정 확인'을 얻는다고 한다. 오늘 하루를 멋지게 보내기 위해 자신의 정신을 세팅하는 방법이 곧 명상이다. 명상은 녹슨 쇳덩이도 녹이며 천 년 암흑 동굴의 어둠을 없애는 한 줄기 빛이다.

나는 운동과 여행을 즐긴다. 일정한 시간을 정하진 않지만 매일 숲길을 걷고, 수시로 홀로 섬 제주로 여행을 떠난다. 무료한 일상에서 탈출구는 여행밖에 없다. 한라산에 오르고 '치유의 숲'이나 '동백동산' 곶자왈 숲길을 걷는다. 아름다운 풍경 속에서 걷기는 '나'를 반추해 보는 시간이다. 그것은 인간을 넘어서 인생을, 시공을 넘어서 영원을 보는 시간이기도 했다.

갓생을 시작하는 데에는 독서를 빼놓을 수 없다. 성공한 사람들의 모든 습관에는 독서가 빠지지 않는다. 유명한 워릭 버핏도 독서광이었다고 한다.

다카무라 도모야의《작은집을 권하다》를 읽었다. 이 책은 충만하게 살기 위해 우리가 무엇을 하고 무엇을 하지 말아야 할 것인지를 분별하고, 작은 것에 밴 윤리적 미학을 찬미한다. 더 큰 것을 욕망하고 미친 듯이 소비하는 이 시대에 '작은 것'이야말로 귀중한 가치라는 말하고 있다. 비울수록 충만해지고 적게 가질수록 자유로워진다면서 성취와 소유를 향해 질주를 당장 멈추라고 한다.

단순하게 사는 것, 단순한 공간, 단순한 사람, 단순한 옷차림, 단순한 물건 등. 대개 단순한 것들은 우선 기본에 충실했다. 서먹서먹한 인간관계, 무슨 단체의 감투 등 모두 끊고 벗어 던졌다. 단순해지니 무엇보다도 마음은 편했다. 마음의 욕심과 번뇌를 덜어내고, 소소한 행복을 추구하는 '단순한 삶'이 나의 갓생이다.

가끔 나는 칠흑 같은 어두운 방에서 자신을 바라본다. 마음의 눈으로, 마음의 가슴으로, 주인공이 되어 "나는 누구인가. 어디서 왔나. 어디로 가나" 조급함이 사라지고 삶에 대한 여유로움이 생긴다. 머리와 입으로 하는 사랑은 향기가 없다. 진정한 사랑은 이해, 관용, 포용, 동화, 자기 낮춤이 선행된다. 나는 사랑이 머리에서 가슴으로 내려오는 데 칠십 년이 걸렸다.

뒤늦게 깨달았다. 반복되는 하루는 단 하루도 없고, 인생도 두 번 되풀이하지 않는다는 사실을. 두 번은 없다. 지금도 그렇고 앞으로도 그럴 것이다. 나는 연습 없이 태어나서 아무런 훈련 없이 죽는다. 인생은 두 번 반복하는 일이 없다. 그러니 하루하루를 헛되게 살 일이 아니다. 하루하루가 모여 삶이 되고, 그 하루라는 자원은 무한정한 게 아니다.

나는 "기록은 기억을 이긴다"라는 문장을 좋아한다. 사람의 기억은 휘발성이 매우 강하고 쉽게 왜곡되는 반면에 기록은 당시 느끼는 감정부터 시작해서 정보들까지 그대로 보존해 놓을 수가 있다. 그리고 과거의 나와 비교해서 객관적으로 내가 얼마나 발전했는지에 대한 지표가 되어줄 수도 있다. 나는 블로그에도 글을 쓰면서 기록하지만, 개인적으로는 노트에 필사한다. 기록하는 것, 그 자체가 나의 '갓생' 실천적 행위이다.

봄철 벚꽃은 만개할 때가 절정이 아니다. 질 때가 가장 아름답다. 햇볕 환하고 바람 없는 날, 혹은 비 내리고 바람 부는 날, 지는 꽃비는 처연하게 아름답다. 아니 처연해서 아름답다.

노년의 삶에는 가족뿐 아니라 친구의 역할이 지대하다. 자녀가 중년이 되고 부모가 칠십이 넘게 되면 친구의 가치가 더 빛을 발한다. 물론 친구가 가족의 역할을 대신할 수는 없다. 하지만 친구가 매길 수 없는 가치를 갖는 건 그들이 다른 데서 구할 수 없는 우정이라는 보약을 선사하기 때문이다.

나는 하루가 멀다고 친구를 만난다. 딱히 할 이야기도 없다. 찻집에서 얼굴 바라보고 "별일 없냐?" 물어보고 웃는 게 일이다. 불러보면 가슴에서 꽃이 되는 이름, 돌아보면 마음이 먼저 미소 짓는 따뜻한 친구를 만나고 그들과 함께 떠들며 함박웃음을 웃는 게 나의 건강한 '갓생'이지 싶다. 이제 나도 할 말이 있다. 나, '갓생' 산다.

그것이 바로 너다

　나는 '오늘도 좋은 날'이라는 인사를 좋아한다. 자신에게도, 다른 사람들에게도, 오늘도 좋은 날로 살아보자고 축원하는 마음이 담긴다. 오늘이라는 선물은 잠시 머물다 가버린다. 그 짧은 하루는 내가 통제할 수 있는 유일한 시간이고, 그 시간은 미래의 결실을 위한 씨앗을 심을 수 있는 소중한 시간이다. 무엇과도 대체할 수 없는 절대적인 순간이 바로 오늘이다.
　나는 별을 '별'이라고 불러야만 별이 별같이 느껴진다. 해, 달, 바람, 가을, 민들레…도 다 마찬가지다. 별은 시각적이고 물리적인 대상이기도 하고 '별'은 내 생애에 개입된 주관적이고 경험적인 실체이기도 하다. 어릴 적 밤하늘을 수놓는 반짝이는 별빛을 보고 자랐다. 별이라는 소리와 글자를 들여다보면 '별'은 그야말로 별처럼 어둠 속에서 반짝이고 있다. 그때 이름 모를 벌레들의 울음소리와 별빛이 함께 호응하는 우주의 숨결이 스며들어 오늘의 '나'가 있지 않나, 싶다.

아침은 아쉽게도 저 멀리 사라지고 없지만 지금 당도한 이 오후도 그다지 싫지만은 않다. 안타까운 건 오후의 시간이 더 빠르다는 점이다. 손에서 모래가 빠져나가는 듯 시간이 줄어든다. 더러는 오후에 기울어진 빛 속에 서서 슬픔과 무 사이에서 서성이는 듯한 내 그림자를 보고 놀라기도 한다.

고대 인도 경전에서 나오는 이야기이다. 아버지가 아들에게 말한다.

"벌들은 사방 여러 나무와 꽃에서 그 즙을 가져다가 하나의 꿀로 만들지 않느냐. 꿀이 만들어지고 나면 '나는 이 나무의 즙이오', '나는 이 꽃의 즙이요' 하는 개별 의식이 없다. 세상에서 어떤 모습으로 살았든지, 그 무엇이든지 모두가 그 존재 자체가 된다. 그 아주 미세한 존재, 그 존재가 곧 진리이다. 그 존재가 바로 너다."

아버지는 아들에게 보리수나무에서 열매 하나를 따오라고 한다. 아버지의 말대로 그것을 쪼개고, 그 속에 든 씨앗 하나를 또 쪼개어 본 아들은 그 안에 아무것도 보이지 않는다고 말한다.

"네가 볼 수 없는 미세한 것, 그 미세함으로 이렇게 큰 나무가 되어 서 있는 것을 보아라. 그 존재가 곧 진리이다. 그것이 바로 너다."

가장 놀라운 건 진리의 설명에 그치는 게 아니라 '그것이 바로 너다'라고 말하고 있다. 나는 이토록 간명하게 우리를 서로에게, 또 나를 우주에 연결하는 문장은 한 번도 본 적이 없다. 개개인과 모든 동식물과 자연물 하나하나가 서로 연결되어 있음을 직관적으로 일깨우고 있다. 작은 모래알 속의 나이지만 그 존재만으로도 의미가 있다는 뜻이 담겨 있다.

새벽 미명의 시간, 깊은 명상에 잠겨 자신을 돌아보고 내면을 들여다본다. 삶 속에서 내가 볼 수 없는 미세한 것, 그 미세함을 나는 깨닫지 못했다. 그러니 인생의 수레바퀴에는 스쳐 간 감회들, 빛과 어둠, 기쁨과 약동들, 허무와 불안이 섞여 만든 부피가 가득 묻어 있다. 세상 모든 건 내가 몸소 몸과 입과 마음을 부려 행동하고 말하고 생각한다. 모든 행위의 결과는 오로지 나로부터 비롯되는 '존재의 진리'에 있다는 뜻이다.

나는 무에서 왔다. 태초 무에서 빛과 복사 에너지, 그리고 물질이 쏟아져 나오고, 이로부터 각종 원소가 탄생하여 무수한 은하가 만들어졌다. 그 순간을 빅뱅이라고 한다. 나는 이 지구별의 여행자다. 책을 읽고, 날마다 사과 한 알을 먹고, 햇볕을 쬐며 걷는다. 이 초록별의 다양한 장소에서 다양한 풍경 속을 걷는다. 이 삶은 고달프기도 하고 다른 한편으로는 감미롭기도 하다. 사랑도 이별도 감미로운 것은 이 모든 일들이 두 번 되풀이되지 않는 까닭이다. 오라, 단 한 번이여! 나는 두렵지 않다.

나는 누구냐고 묻는 순간이 있다. 나는 소용돌이고 태풍이다. 나는 질서고, 혼돈이며, 수수께끼이고 경이로움이다. 이 작은 행성의 티끌이다. 모란과 작약이 꽃망울을 내밀고 꽃을 터뜨리는 푸른 오월 밤 혼자 우두커니 앉아 '나는 어디서 왔을까?' 하는 생각에 잠긴다. 나는 왜 지금 여기에 있는 걸까? 내가 스스로 던진 질문들은 영원히 끝나지 않을 수수께끼를 품고 있다.

나는 태어나기 이전의 일들에 대해 아무것도 모른다. 엄마의 자궁 안을 채운 양수 속에서 헤엄쳤던 작은 몸을 기억하지 못한다. 눈을 감고 있지만 낮과 밤이 교차하는 희미한 빛을 느끼고 엄마의 소리를 들으면서 자랐을 것이라고 상상을 해 볼 뿐이다.

여기에서 지나온 삶을 돌아보고 남은 미래를 바라본다. 그동안 쌓은 경험과 숙련이 남은 여정의 노잣돈이다. 한 곡의 세레나데를 듣는 듯 사랑을 갈구하는 풀벌레 울음소리가 마음을 아련하게 한다. 뜰 나뭇가지에 바람이 인다. 나뭇잎들이 바람에 날린다. 별빛이 이슬방울 되어 조용히 내 어깨에 내려앉는다.

최영미 시 〈선운사에서〉는 "꽃이/ 피는 건 힘들어도/ 지는 건 잠깐이더군"으로 시작한다. 그렇게 힘들게 핀 꽃도 지는 건 순간이다. 겨우내 꽃눈 키워 춘삼월 겨우겨우 피워 낸 꽃이라면 암만 못 가도 석 달 열흘은 가야 하지 않을까. 예로부터 이르기를 화무십일홍이라, 백일은 고사하고 열흘 붉은 꽃도 드물다.

강물은 언제나 평온하게 흐른다. 스스로 어디로 가는지 잘 알고 있다. 나는 자유롭게 이 거리를 걷는다. 그 누구의 손에도 붙잡히지 않고 그 누구에게도 기대를 심어 주지 않고서, 그저 자유롭게 걷고 내달리고 잠들고 싶을 뿐이다.

존재 자체가 진리이니 그것이 바로 '나'다.

길 위에 선 돈키호테

나는 문학이라는 길 위에 선 돈키호테였다. 주인공 알론소 키하노는 기사에 대한 소설을 읽고 상상 속에 빠져들어 그만 정신이 이상해지고 말았다. 그는 스스로 "돈키호테 라만차" 라 칭하며, 그의 하인 산초 판사와 함께 정처 없이 모험을 떠난다.

나는 늦된 사람이다. 무언가 배우고 깨우치는 데 더딘 축에 든다. 여린 성정 탓인지 삶의 여정도 더뎠다. 늦되고 뒤처진 현실을 깨달은 때가 불혹을 넘긴 뒤였다. 남 보기에는 순탄한 삶이었지만 그럴수록 마음은 공허했다. 누군가가 자꾸

날 따라온 것 같아 뒤돌아보니 내 그림자였다.

정년 퇴임 후 유달리 하늘이 희부연한 어느 봄날, 거울 속에서 낯선 내 얼굴을 보고서야 잃어버린 꿈이 무엇인지 알 수 있었다. 곧장 순천대학교 평생교육원 문예창작과에 입학했다. 시인 송수권, 곽재구 교수가 시론을 강의하고 있었다. 내 생애 중 가장 즐겁고 보람된 시절이었다. 시詩를 모르고 문학을 한다는 것은 기본적 교양 없이 글을 쓰려고 하는 것과 같다는 송 교수의 강의에 심취하여 사 년을 열심히 듣다 보니 드디어 만물이 말을 걸어오기 시작했다. 귀가 열리고 말문이 트인 것이다. 어느 날 수업이 끝나고 송 교수가 날 불렀다.

"자네 시 써놓은 것 있지?"

이 말씀을 얼마나 기다렸던가. 어쩜 나도 시인이 될 수 있겠다는 생각에 밤잠을 설쳤다. 많은 작품 중 백여 편을 선별하여 교수님에게 갖다드린 후 무슨 하교가 있을 것으로 생각하고 두 달여를 기다렸다. 아무런 말씀이 없어 궁금하던 차에 교수님 연구실을 찾았다.

"어, 자네 시…, 그렇지. 어디에다 뒀더라."

그 말 한마디에 내 꿈은 사라지고 말았다. 나는 낯선 곳에서 잠시 머물다 떠나는 이방인에 지나지 않았다. 나는 고향을 떠나 이곳과 저곳 사이의 틈새를 자기 영역으로 선택한 사람, 이쪽에서도 저쪽에서도 받아들여지지 못한 주변인에 불과했다. 나는 새로운 길을 찾아 나섰다.

그때 나에게 수필이 다가왔다. 무엇이 나를 이끄는가. 무엇이 내 가슴을 뛰게 하는가. 무엇이 나의 무의식 세계 속에 잠들어 있는 진정한 욕망인가? 수필 쓰기는 나의 내면과 의지를 비춰볼 수 있다는 점에서 중요했다. 수필 쓰기는 숨겨진 자기 얼굴을 들여다볼 수 있는 거울이었다. 자기의식의 거울, 꿈을 찾아 부단히 방황하던 시절을 돌이켜볼 수 있는 거울, 여명의 빛과 번개의 깨우침이 있는 거울, 혼돈의 자아에게 필요한 것이 바로 수필이라는 그 거울이 아닐까?

봄 여름 가을 겨울… 진달래가 피고 냇가에서 물놀이하고 단풍이 지고, 눈이 내리는 시골 풍경은 아름다웠다. 그 시절을 생각하면 뜨거움이 나를 휘감는다. 희미하게 들려오는 동무들 목소리는 날 들뜨게 한다. 그 속에 몰입해서 시간의 흐름조차 잊고 새벽녘까지 글을 쓰다가 동쪽 창문에 여명이 밝아오면 마치 새 세상이 열리는 듯한 환희가 밀려왔다. 나는 이미 수필의 매혹에 깊이 빠져들고 있었다.

초등학교 5학년 때였다. 매운바람 소리가 우수수 감나무를 할퀴고 지나가는 겨울밤, 방안은 화롯불의 온기로 그지

없이 안락했다. 큰엄마는 평소 들려주시던 장화홍련전 심청전 등 이야기와는 사뭇 다른, 해방 전후 요동치던 4·3 사건의 지옥 같았던 인민재판 이야기를 들려주셨다.

"벌교 남초등학교 운동장에 수많은 사람을 모아놓고 인민재판을 열었어야. 거기서 많은 사람 가운데서 '손가락 총'(손가락으로 지명)을 당한 사람들을 즉시 소화다리(부용교)로 끌고 가 난간에 한 줄로 세워 발목에 철샷줄을 묶어 놓았어야. 총소리가 울리면 그 사람들은 가을바람에 낙엽이 지듯 다리 밑으로 굴러떨어졌어. 양옆 강둑에서 이 처참한 광경을 목격한 가족들은 혼절했고, 사람들의 통곡 소리가 하늘을 찔렀어야. 아이고 이런 시상이 어딧냐, 생지옥이여 생지옥!"

그 이야기를 들려주시면서 큰엄마는 감정을 주체할 수 없어 눈물을 흘리셨다. 그 눈물이 긴 세월 내 속에 잠재되어 있다가 어느 날 새벽 나를 흔들어 깨웠다. 잊고 있었던 '손가락 총'이라는 당시 유행어가 나의 수필에서 다시 되살아난 순간이었다. 어떤 소명 의식이 내 속에서 꿈틀거렸다. 그 운동장에서 간신히 '손가락 총'을 면한 아버지는 혼돈의 시대에 "모든 일이 다 내 탓이다"라는 체념으로 시대적 모순을 극복할 수 있었다. 그런 아버지의 삶이 내 이야기의 바탕이 되었음은 물론이다.

나는 책을 읽으면서 습관적으로 밑줄을 긋고 메모한다. 글쓰기에 왕도는 없다. 지식사회에서는 메모하는 사람이 생존한다는 말이 있다. 연암 박지원은 말 위에서 졸면서도 풍경과 담벼락 글씨를 메모했다. 그 일이 이 시대 최고의 기행문 〈열하일기〉가 탄생하는 순간이었다. 메모는 나의 상상력을 자극하여 경험적 자아를 창출하는 매개체가 되고, 새로운 창작 동기가 되기도 한다.

최근 작고한 이어령 선생님은 《마지막 수업》에서 "작가는 감추고 싶은 욕망과 속마음을 광장으로 끌어내 드러내고, 깨진 거울로 자기 모습을 보는 사람들"이라고 말했다. 글을 쓰면서 항상 느끼는 건 지난날들의 경험은 모두가 자산이라는 것이다. 추억의 곳간에 차곡차곡 쌓이면 부끄럽고 아픈 기억은 발효되고 정제된다. 거기서 길어 올리는 추억은 부드럽고 향기롭다. 글쓰기는 곧 나의 정체성을 찾아가는 험난한 길이다. 그 길에 놓인 벽을 넘는 순간 정서적 위안을 얻을 수 있었고, 평생 아물지 않은 상처를 치유할 수 있었다.

자기성찰은 외로움에서 온다. 가끔 나는 전화와 텔레비전 등을 다 끄고 홀로 있고자 하지만 곧 불안을 느낀다. 하지만 그 시간을 넘기면 정신적 안정이 오고 명상이 시작된다. 더 외로워야 오히려 덜 외롭다는 것을 명상에서 체험했다.

글을 쓰는 건 노련한 검객이 칼 한 번 휘두른 단면 같은 것이 아닐까. 그 단면에 수많은 삶의 무늬와 결이 퍼덕거린다. 나는 그 단면을 찾아 돈키호테처럼 이룰 수 없는 꿈을 꾸고, 견딜 수 없는 고통을 견디며, 이길 수 없는 적과 싸움하고, 잡을 수 없는 저 하늘의 별을 따기 위해 자신을 던지려고 한다. 돌고 돌아서 내 본연의 자리에 오는 것, 그 수단이 수필이다. 그래서 나는, 문학이라는 긴 여정을 떠나는 돈키호테가 되고 싶다.

살 수만 있다면,
살 수만 있다면!

유민이 아빠 김영오 씨가 지은 〈못난 아빠〉를 읽었다. 단원고 2학년 여학생 김유민 양은 배가 가라앉은 지 8일 후에 사체로 인양되었다. 유민이 아빠는 팽목항 시신 검안소에서 싸늘하게 식은 딸의 몸을 인수했다. 유민이 소지품에서 학생증과 명찰, 물에 젖은 1만 원짜리 지폐 6장이 나왔다. 아빠는 젖어서 돌아온 6만 원을 쥐고 펑펑 울었다. 이 6만 원은 아빠가 수학여행 가는 딸에게 준 용돈이다. 유민이네 집안 사정을 보면, 6만 원은 유민이가 받은 용돈 중에서 가장 많은 돈이었을 것이다. 이 6만 원이 물에 젖어서 돌아왔다.

아! 6만 원. 이 세상에서 이 6만 원처럼 슬프고 참혹한 돈이 또 있겠는가. 이 6만 원을 지갑에 넣고 수학여행을 가는 유민이는 어떤 마음이었을까. 처음 가 보는 제주도의 이국적 풍경을 마음속에 그리며 얼마나 마음이 설렜을까. 열일곱 살 난 여학생은 그 돈으로 무엇을 사고 싶었을까.

304명이 희생된 세월호 참사가 일어난 지 꼭 10년이 됐다. 10년 사이, 우리 사회가 달라진 점은 뭐가 있을까. 경기도 안산에 있는 4·16 생명안전공원 부지, 공원을 짓겠다고 한 곳이지만 아직 허허벌판이다. 원래 세월호 10주기를 맞아 추모공원을 완성할 계획이었지만, 뒤늦게 올해 가을이 돼서야 첫 삽을 뜰 예정이다.

늦어지는 추모 공원 공사처럼 세월호 참사에 대한 진상규명은 10년째 지지부진하다. 그동안 세 차례나 조사위원회가 꾸려졌지만, 누구도 세월호가 왜 침몰했는지 속 시원히 얘기해준 사람은 없었다.

자식이 세상을 떠난 이유를 모르는 유가족에겐 마음속 응어리가 지워지지 않을 것이다. 왜 그 큰 배가 침몰한 거야? 그 의문점을 지금도 가족들은 풀고 싶다. 엄마, 아빠들은 더 알고 싶다. 그거를 위해 지금까지 싸워 왔다. 앞만 보고. 세월호 구조 실패에 책임을 진 사람은 출동을 나간 해경 경장 한 명뿐이다. 특히 지휘부는 단 한 사람도 처벌받지 않았다.

지난해 11월, 대법원은 적절한 지시를 내릴 수가 없는 상황이었기 때문에 죄가 없다는 '궤변' 같은 판결이 나왔다. 그 어느 누가 수긍할 수 있으며 도대체 어떤 적절한 잘못을 저질러야 죄가 있다는 것일까? 그러다 보니 유가족 단체는 시민들의 기억 속에서 아이들의 기억이 잊히는 게 두렵다. 그뿐만 아니라 제대로 된 진상규명과 책임자 처벌 없이, 비슷한 참사가 또 발생할 거라고 입을 모은다.

기억과 추모는 이러한 재난 참사가 발생하지 않도록 하나의 구심점 역할을 할 수 있다. 세월호 참사에 대한 기억을 되새기면서 이 사회에 대한 안전을 항상 염두에 둘 수 있는 것이다.

사회적인 참사의 생존자와 피해자 모두를 지원하기 위해 마련된 특별법안도 국회 문턱을 넘지 못했다. 구조에 나섰던 이들까지 정신적 의료 지원을 해야 한다는 전문가들의 지적도 이어졌지만, 제도가 마련되거나 바뀐 건 아직 없다. 세월호 참사 이후에도 10년째 그 자리에 그대로 서 있다는 것이 유가족들의 하소연이다.

이 지구상에서 가장 불명예스럽게 제복의 명예를 더럽힌

세월호 선장 이준석, 그는 지금 무기징역형을 선고 받고 교도소에 수감 중이다. 지금까지도 유족과 국민이 그렇게 듣고 싶어 하는 사과와 양심선언을 그는 아직 하지 않고 있다. 그는 자신이 구조해야 할 어린 학생들의 생명을 철저하게 외면했다. 꽃을 피워보지도 못하고 차가운 바다 밑으로 사라진 '죽음의 배의 기록'은 제복을 입은 선장의 작품이다.

그때 사진 한 장은 온 국민을 경악하게 했다. 인명을 구조할 의무와 책임이 있는 선장과 선원들이 자신들의 신원을 감추기 위해 제복을 벗어 던진 후 제일 먼저 세월호를 빠져나왔다.

선장이 제복을 벗은 이유는 구조 순위에서 밀릴 게 두려워서였다. 해양경찰이 하선을 허락하지 않고 '배에 남으라'는 명령을 내릴 게 무서워서 그랬다. 제복을 벗어 던진 선장은 사복을 찾을 시간도 없이 팬티 바람으로 구조자들 틈에 숨어들었고, 구조 기록지에도 자신을 일반인으로 표기했다. 그 사진이 해외 토픽감이 되어 전 세계적으로 웃음거리가 되었다.

1912년 4월 14일 밤 전설이 된 타이타닉호 선장 에드워드 존 스미스는 배가 침몰하는 순간 승객들의 탈출을 끝까지 돕다가 선교에 들어가 조용히 최후를 맞이한다. 영화에서 선실 유리창을 깨부수면서 바닷물이 밀려와도 선장은 조타실에서 미동도 없이 꿋꿋이 서서 최후를 맞는 모습이 무척 감동적이었다.

세월호 선장도 제복의 무게를 이해하고 한 사람이라도 더 살리려고 노력했다면 그토록 참혹한 인재는 일어나지 않았을 것이다. 자기가 살기 위해 304명의 생명을 헌신짝처럼 버린 사람, 이처럼 비굴한 사람이 어디 또 있을까? 참사 당일 배에서 탈출한 인솔자 교감선생은 학생들이 배에서 빠져나오지 못한 것을 확인하고 팽목항 인근 숲에서 스스로 목숨을 끊었다.

참사 10년, 누군가에게는 강산이 몇 번이나 바뀐 시간일 테지만 누군가는 여전히 그 시간, 그 자리에 머물고 있다. 누군가는 '벌써 10년 전 일이냐', '세월 참 빠르다'라고 말하지만, 또 다른 누군가는 '언제적 이야기를 아직도 꺼내느냐?'라고 말한다. 이처럼 시간은 저마다 다르게 읽힌다. 하지만 자식을 잃은 부모들은 비통한 심정으로 차디찬 길바닥에서 진상을 밝혀 달라고 오늘도 울부짖고 있다.

다만 바람이 있다면, 시베리아 10년 유형이 도스토옙스키를 위대한 작가로 탄생시키기 위한 산고의 세월이었듯, 세월호 참사 10년이 누군가에게는 '또 다른 시작의 기록'이자 '트라우마를 극복한 희망의 기록'이 되기를 간절히 소망한다.

"살 수만 있다면, 살 수만 있다면, 살 수만 있다면…!"
아무리 절망한 사람일지라도 냉기 가득한 어둠의 터널을 지나 뜨거운 생의 한가운데로 되돌아올 수 있으리라 믿는다. 그 아깝고 안타까운 어린 학생들의 원혼이 하늘나라에서 평안한 안식을 얻기를 간절한 마음으로 소망한다.

흰고래 무리 속 외뿔고래

"똑바로 읽어도, 거꾸로 읽어도 우영우…."
드라마 〈이상한 변호사 우영우〉에서 장애인도 다른 사람들과 다름없이 평등하다고 생각하는 주인공 영우의 독특한 인사법이다. '자폐 스펙트럼 장애'를 가진 영우는 강점과 약점을 한 몸에 지닌 캐릭터로 보통 사람들이 범접할 수 없을 만큼 탁월한 강점이 있지만, 깜짝 놀랄 만큼 취약한 약점도 있다. 164의 높은 IQ, 엄청난 양의 법조문과 판례를 정확하게 외우는 기억력, 선입견이나 감정에 사로잡히지 않는 자유로운 사고방식이 그의 강점이다. 감각이 예민해 종종 불안해하고, 몸을 조화롭게 다루지 못해 걷기, 뛰기, 신 발끈 묶기, 회전문 통과하기 등에 서툴다. 영우는 극도의 강함과 극도의 약함을 한 몸에 지닌 인물이자 높은 IQ와 낮은 EQ의 결합체이며 보통 사람들보다 우월한 동시에 열등한 존재이기도 하다.

이 드라마는 서울대 로스쿨과 변호사시험에 수석 합격한 영우가 대형 로펌 법무법인 한바다의 변호사가 되는 것에서부터 시작한다. 드라마는 영우와 한바다의 변호사들이 한 회에 한 개씩의 사건을 해결하는 방식으로 짜여 있다. 매회 흥미진진한 새 사건이 도전장을 내밀면 주인공이 멋지게 문제를 풀어내는 모습을 보여 준다. 언제나 우울한 일상에서 시작해 결론은 상쾌함을 선사해 좋았고 일화 중심의 법정 드라마여서 매력적이었다.

배우 박은빈이 아니었으면 성공할 수 없는 드라마였다. 장애가 있어서 선천적으로 감정교류를 잘못하면서도, 주변 사람들과의 관계를 통해서 공감 능력을 조금씩 키워나가는 모습을 섬세하게 표현하고, 기존 드라마에서 보기 어려웠던 이상하고 사랑스러웠던 캐릭터를 설득력 있게 구현해 낸 것은 배우 박은빈의 연기력 덕분이었다.

박은빈은 영우를 연기하기까지 시간이 꽤 필요했다. 배우

로서 우영우를 어떻게 표현하느냐에 따라서 누군가에게는 큰 상처가 될 수 있겠다하는 두려움에서 배역을 한 차례 고사했다고 한다. 대본을 받아 들고 장애인 역을 그만큼 잘 해낼 수 있을지 확신이 없던 것도 또 다른 이유였다.

'우영우'는 기존 드라마의 캐릭터들과는 확실히 다르다. 어느 드라마에서도 볼 수 없었던 강한 흡인력이 있었다. 방영 후 박은빈은 대담에서 이 같은 연기 비결을 묻자 "평소 재미나 웃음은 문화적 코드에 있다고 생각한다. 그것을 뛰어넘는 시청자의 감수성이 있었던 것 같다"라고 겸손해했다.

드라마에서 자폐가 있는 여성을 관찰의 대상이 아니라 직접 소통하는 여성으로 내세운다. 그는 대형 로펌에서 어떻게 그 세계에 스며들고 어려움을 이겨내면서 성장하는지를 적나라하게 보여 준다. 영우를 아끼고 이해하는 팀장 정명석, 영우를 사랑한 꽃미남 이준호, 동료 변호사 최수연, 권민우의 연기도 드라마의 흥미를 끄는 데 크게 한몫하고 있다.

'자폐 스펙트럼 장애'는 그 양상이 매우 다양하다. 자폐인이라고 해서 모두가 강박을 보이는 것은 아니다. 의사소통 능력 미숙한 정도도 사람마다 다르다. 박은빈은 통상적인 자폐인 캐릭터를 전혀 참고하지 않고 억양이나 행동에 있어서 자신만의 독특한 연기를 펼친다. 이에 따라 장애인에 대한 사회적 관심을 뜨겁게 불러일으켰고 사회적 편견을 해소하는 데 일조했으며 그들의 삶에 희망을 불어넣어 주었다.

또한 회차마다 다른 법정 에피소드를 통해 사회적 메시지를 전달했다. 나에게 15화 중 가장 좋아하는 에피소드를 꼽아달라고 하면 4화, 15화를 꼽겠다. 4화는 절친인 동그라미(주현영)의 가족 송사를 해결해 주는 내용이다. 그리고 마지막 15화에서는 자기를 낳고 버린 대형 로펌 회장이면서 법무부 장관을 꿈꾸는 친엄마를 태어나서 처음 만난다. 잘 나가던 회사를 해킹해서 궁지에 몰린 이복동생 상현이의 변론을 위해서다. 꿈에도 그리워하던 엄마를 만난 영우는 마음을 털어놓는다.

저에겐 좋은 엄마가 아니었지만, 상현이에게는 좋은 엄마가 되어 주세요. 제 삶은 이상하고 별나지만, 가치 있고 아름답습니다.

영우는 이렇게 말하면서 뜨거운 눈물을 흘린다.

드라마에서 가장 큰 울림을 준 대사다. 영우의 이 말을 듣고 비록 핏덩이를 버린 엄마이지만 눈시울이 뜨거워진다.

찬란한 봄, 나무들은 겨우내 모진 추위를 견뎌 낸 아픔을 안고 꽃을 피운다. 영우는 고교 시절 장애인이면서 공부를 잘한다는 이유로 동료 학생들로부터 시기와 질투를 받고 극심한 괴롭힘을 당한다. 흰고래무리 속에서 홀로 외롭게 살아가는 외뿔고래였다.

내가 중학교 2학년 때였다. 학기 초에 시골뜨기에다 키가 크다는 이유로 읍내에 사는 동급생으로부터 언어와 신체적 폭력에 시달렸다. 사춘기가 시작될 무렵 남녀 공학인 반에서 이런 일은 창피하고 견딜 수 없는 아픔이었다. 오월, 어느 날 수업이 시작되기 전 그들의 놀림에 그들과 맞붙어 죽지 않을 만큼 얻어맞고 교실이 난장판이 되고, 병원에 실려 가면서 사태는 진정되었다.

그때는 그게 학교 폭력인지도 몰랐다. 하지만 마음의 상처는 깊어 오랫동안 나를 괴롭혔다. 영우도 갖은 폭력에 굴복하지 않고 모든 걸 자신이 짊어져야 할 숙명으로 받아들인다. 영화나 드라마에서 흔히 주인공을 자신과 일체화할 때 생기는 일종의 카타르시스를 나 역시 경험했다. 외롭고 고달플 때 영우에게 친구 외뿔고래가 있었다.

마지막 장면, 영우는 승진하고 처음 출근하는 날 아침 연인 준호를 만난다.

내가 지금 느끼는 감정은 뿌듯함입니다.

이 '뿌듯함'이라는 단어에 드라마가 하고 싶은 말이 함축되어 있다. 연인 준호를 향한 충만한 사랑의 감정이 담겨 있어서다. 삶은 반복되는 꿈이다. 그 반복되는 꿈속에서 꿈이 현실로 나타날 수 있다. 바로 영우와 준호의 사랑이 아무런 가식도 없이 '뿌듯하다'고 표현할 수 있는 그 순수함이 좋았다.

위태로운 길 위에서 정처 없이 떠다니는 자신을 바라보기 위해 가끔 드라마를 시청한다. 나는 장애인 영우를 통해 내 모습을 추체험追體驗하고 주변을 돌아볼 수 있는 귀중한 시간이었다.

풍경 달다

바람은 오랜 친구다. 보이지 않아 잡을 수도 없다. 미지의 머나먼 숲에서 출발해서 스치듯 금세 어디론가 사라진다. 바람만 그럴까. 내 마음이 그렇고, 인생 자체가 그렇다. 존재했다가, 찰나인 듯 사라지는 게 바람을 닮았다.

그런 바람을 제대로 만나는 방법은 따로 있다. 지난여름 제주 영실 계곡 깎아지를 듯 가파른 언덕을 힘겹게 올랐다. 병풍바위 쉼터에서, 나를 기다렸다는 듯 이마를 씻어 주고 가슴에 안기는 바람, 그 황홀한 만남은 나만이 아는 즐거움이다.

바람은 혼자 오지 않는다. 보이지 않는 그 무엇과 함께 온다. 봄바람이 사랑스럽고 가을바람이 쓸쓸한 건 온도 차 때문은 아니다. 바람에는 직감으로 알게 되는 어떤 메시지가 담겨 있다.

> 운주사 와불님을 뵙고
> 돌아오는 길에
> 그대 가슴의 처마 끝에
> 풍경을 달고 돌아왔다
> ……

정호승 시인은 〈풍경風磬 달다〉에서 바람을 사랑하는 마음을 모아 시를 쓰면 '풍경 달다'가 된다고 했다. 풍경은 먼 데 놓인 사랑의 기원이다. 그 기원을 바람이 품고 와 가슴을 흔든다. 묻힌 언어들이 씨감자처럼 둥글둥글한 씨알을 주렁주렁 달고 나온다. 풍경은 곧 바람의 실체다.

글은 곧 사람이다. 생긴 대로 쓴다. 섬세한 사람은 섬세하게 쓰고 묵직한 사람은 묵직하게 쓴다. 막상 글을 쓰다 보면 꽉 막혀 더 이상 나아갈 수가 없을 때가 있다. 처음에는 모든 게 머릿속에 다 있다고, 생각했다. 머릿속에만 있는 글은 글이 아니다. 요즘 나는 두 발로 글을 쓴다. 숲길을 걷다 보면 막힌 글이 슬그머니 고개를 들고 기어 나온다. 조정래 작가의 대하소설 〈태백산맥〉은 무려 3년을 주 무대인 벌교와 지리산 일대를 헤매고 다닌 그의 발끝에서 태어났다고 한다.

　머릿속으로 하는 글쓰기는 상대편이 앞에 있다고 가정하고 공격과 방어, 풋워크를 연습하는 섀도복싱에 불과한 것이다. 머릿속에 다 있다고, 생각하지만 정작 글은 현장에서 발품을 팔아야 나온다. 몸에서 달구어지고 생성된 글이 좋은 글이다.

　봄이 오면 뜰에 핀 매화, 섬진강 천변에 화사하게 핀 벚꽃을 벗 삼아 기쁨을 얻고 외로움을 달랜다. 요즘 단순하고 소박하게 살려고 많은 것을 끊었다. 술을 끊고, 불필요한 관계를 끊고 주변을 정리했다. 그동안 연을 맺고 교류하던 무슨 단체의 감투를 모두 벗어던지고, 이곳 순천에서 시인, 수필가 등 문학을 진정으로 사랑하는 지인들과 함께 여행을 즐기고 있다. 순천만 습지, 국가 정원, 조계산 품 안 선암사, 송광사 등 고즈넉한 분위기의 고찰, 푸른 숲 아름다운 꽃 속에 묻혀 산다.

　그뿐만 아니라 단순한 삶을 살기 위해 부단히 노력하고 있다. 먹고 자고, 숲길을 걷고, 명상하고, 때론 삶이 지루하면 여행길에 오른다. 자주 찾는 섬, 제주에서 곶자왈 동백 숲길을 걷고, 영실에서 한라산 남벽을 오르면서 자연의 순수한 풍경이 거저 주는 향기로움을 즐긴다. 이처럼 삶이 단순해지니 책 읽기와 글쓰기에 탄력이 붙었다. 삶에 더 여유가 생기고 활력이 넘치며 약동했다. 자연이 주는 혜택을 누리면서 단순히 사는 삶은 신이 주는 선물이고 축복이다.

인생은 짧다. 아침에 뜬 해가 금세 황혼 녘을 맞는다. 인생이 이토록 바쁘게 지나가니, 덧없다고 느껴질 때가 있다. 그런 기분은 계절이 바뀔 때 자주 찾아든다. 늦가을에서 초겨울로 접어들 무렵, 차가운 빗방울이 떨어질 때, 나는 우울해진다. 죽음 속에 삶이 있고, 삶 속에 죽음이 있다. 본디 삶은 음양과 마찬가지로 한 몸이 품은 둘이니, 둘은 곧 하나다. 삶이 품은 씨앗이 곧 죽음이요, 죽음이 품은 씨앗이 곧 삶이다.

나이 50을 넘기고 나의 숨은 글쓰기가 비로소 시작되었다. 호루라기를 불어 보듯이, 칼로 이름을 새겨 보듯이, 때로는 구멍이 난 창호지 너머로 별을 보듯이, 별 이유 없이 글쓰기에 빠져들었다. 쓰고 지우고, 쓰고 지우고… 그 사이 어느새 또 스무 해가 훌쩍 흘렀다. 불멸을 원하지 않아도, 상상의 공동체를 염두에 두지 않아도, 다시 태어나길 염원하지 않아도, 글을 쓸 이유는 있다. 글을 쓴다는 건 눈먼 부엉이의 노래이며, 바람과 파도의 외침이며, 늑대들의 울부짖음, 땅이 내쉬는 한숨이다.

고통과 불행을 스스로 감내하는 일이다. 내가 동양화를 좋아하는 건 넉넉한 여백 안에 사람이 있어서다. 자연이 아름다워도 거기 사람이 없으면 무슨 의미가 있는가. 나의 수필 속에는 분식되지 않은 '나'가 있다.

일상에서 어떤 충동을 받으면 글로 형상화하고 싶은 욕심이 생긴다. 그 대상과 밀애가 시작되고 그 속에 몇 날 며칠을 묻혀 씨름한다. 그 시간은 주로 이른 새벽이다. 생생한 현장감은 그때 얻어진다. 늘 하는 고민이지만 글은 그 사람의 그릇만큼 쓸 수 있다. 그 그릇을 키우는 일이 독서라고 나는 믿는다. 내가 읽은 수필 중 기억 속에 선명히 남아 있는 수필이 더러 있다. 그런 작품을 떠올릴 때마다 영화의 한 장면 같은 영상이 머릿속에 펼쳐진다.

타산지석他山之石은 원래 못난 돌도 나름대로 쓸모가 있다는 말이다. 나의 못난 글도 못난 글대로 누군가에게 타산지석이 될 수도 있으므로 용기를 내서 글을 쓴다. 이처럼 내가 글을 써 남기는 것은 하루살이에 불과한 삶을 견디고 영원을 희구하는 일이다.

가을이 저물어 가는 어느 늦은 저녁 무렵, 조계산을 등반

하고 도선암 부근을 걷고 있을 때, 그윽한 풍경이 울고 있었다. 육체의 고통이 때로는 영혼의 해방을 가져온다고 하는 법음처럼 들렸다. 어느 고행승이 낙엽이 바람에 이리저리 날리는 뜰을 홀로 걷고 있었다. 그 노승이 어둠 속으로 사라질 때까지 나는 그를 지켜보고 있었다.

노래가 있는 삶

 9월의 아름다운 햇살과 바람은 뜻 모를 아쉬움을 추억 저편에서 불러내곤 한다. 조석으로 선선한 바람이 옷깃을 스친다. 가을이 저만치서 손짓하고 있다. 찬란한 색채로 물드는 가을이 단조롭거나 지루할 리 없다. 아직은 태양이 뜨거운 햇빛을 마구 쏟아내고 있다. 어느 순간 단조로운 상실감이 잔잔한 밀물처럼 밀려온다. 살아오면서 과연 내가 얻으려 했던 것은 무엇이었던가.
 이 가을이 가고 또 겨울이 오면 모든 건 침묵한다. 벌레 소리가 침묵하고, 나뭇잎이 침묵하고, 나도 침묵한다. 올해로 탄생 150주년을 맞는 라흐마니노프의 교향곡 2번이 이런 날 제격이다. 달콤한 전주에 이어지는 클라리넷 솔로는 기억 뒤편의 먼 시간, 흔들리는 나뭇잎 사이로 비쳐 들던 어느 구월 오후의 햇살을 떠올리게 한다. 바이올린과 현악기들이 펼쳐내는 서늘한 두 번째 주제는 가을의 끝없이 깊고 푸른 하늘과 가슬가슬 살갗을 어루만지는 바람을 느끼게 만든다.

창밖에는 비바람이 몰아친다. 뜰에 목련이 바람에 몹시 흔들리며 시달리고 있다. 이 비가 그치면 구월은 한층 깊어지고 바람은 더 산뜻해질 것이다. 산길에서 떨어지는 돌감 한 알이 문득 내 마음을 흔든다. 나는 누구인가. 존재의 뿌리까지 울리는 실존적 물음이다. 이런 소리는 혼자 들어야 한다. 아니면 들어도 들리지 않는다. 브람스의 〈피아노 소품집 작품 118〉 중 제2곡. 간주곡과 함께라면 더할 나위 없다. 이 작품은 '하염없다'라는 형용사를 떠올리게 한다.

구월의 밤은 외롭다. 마치 어린 시절 엄마가 돌아오시길 기다리던, 유난히 짧아진 해가 능선 너머로 잠기고, 땅거미가 짙어지던 그런 저녁나절을 생각나게 한다. 누구나 힘들고 외로워도, 기쁘거나 즐거워도 먼저 생각나는 건 고향이다. 도둑맞은 듯한 세월이 한스러워 늘 외로움에 젖어 사는 나를 위로하듯, 정지용의 시, 채동선 곡의 〈고향〉을 바리톤

황병덕이 묵직하고 감미로운 목소리로 불러준다. 그 노래는 가슴 저 밑바닥에 잠겨 있던 추억과 그리움을 길어 올린다.

이탈리아 작곡가 마스카니의 오페라 〈카발레리아 루스티카나〉는 시칠리아 섬마을을 배경으로 한 작품이다. 이 오페라 도입부에는 〈오렌지꽃 향기는 바람에 날리고〉라는 합창곡이 나온다. 오렌지꽃 향기는 과연 어떤 것일까. 제주도에서 감귤꽃 향기도 맡아보지 못한 나로서는 상상하기조차 어려웠다. 그런데 서귀포에 있는 감귤농장 온실에 들어서는 순간, 상큼한 오렌지꽃 향기가 코끝을 자극했다. 아, 이것이 바로 오렌지꽃 향기로구나! 달콤하고, 고소하고, 상큼한 향기가 온실을 가득 채우고 있었다.

고향의 골목은 옛길 그대로인데 동무들은 오간 데 없고, 노인들의 기침 소리만 들린다. 유한한 생을 사는 인간에게 나이 듦이란 대체 무엇일까. 무엇보다도 어떤 인생을 살았는지 회한이 가슴을 파고든다. 인생은 어차피 혼자 가는 길이다. 잠 못 이루는 늦은 밤 Youtube에서 최백호의 〈청사포〉를 찾으니 그의 목소리가 애절하게 귓전에 다가온다.

지금은 외로워도 괜찮다. 우린 너무너무 사랑하니까.

기형도의 시, 〈빈집〉이 떠오른다. '사랑을 잃고 나는 쓰네'
라는 한 구절이다. 시인은 사랑을 잃고 자신을 표현할 길이
시밖에 없었다. 이처럼 절절한 사랑이 나의 옛 시절을 소환
한다. 고교 시절, 점심시간이면 교정 가득 베르디의 〈리골레
토〉에 나오는 유명한 아리아 〈여자의 마음〉이 흐를 때, 그녀
와 동산 숲길을 걸으며 함께 파란 꿈을 꾸었다. 학교를 졸업
하고, 그녀는 가을 하늘 기러기처럼 멀리멀리 날아갔다. 밤
하늘 은하수가 밤새 흐르고 이윽고 동이 틀 무렵, 태양처럼
솟구치던 찬란한 젊음이 새삼 그립다.

모든 예술은 끊임없이 음악의 상태를 지향한다. 음악은 추
상적인 소리만으로도 사람의 마음을 움직인다. 다른 예술
장르는 좀처럼 따라잡기 힘든 경지다. 동양의 이솝우화라
불리는 열자列子 이야기다.

진청과 설담은 스승과 제자의 관계였다. 제자는 어느 정도
노래를 하게 되자 배울 만큼 배웠다고 생각하고 스승에게
하직 인사를 했다. 스승은 말리지 않고 큰길까지 나가 제자
를 전송하는 노래를 불렀다. 그 노래가 어찌나 슬프던지 숲
이 일렁이고 흘러가던 구름이 멈췄다. 제자가 그 모습을 보
고 자신이 너무 부끄러웠다. 자신은 아직 멀었다는 것을 깨

닫고 곁에 남아 더 배울 수 있게 해 달라고 스승에게 간청했다.

스승은 그에게 한아라는 뛰어난 가객에 관한 얘기를 해줬다. 그 가객이 어떤 집에서 밥을 얻어먹고 답례로 노래를 불렀다. 그가 떠나고 사흘이 되어도 노래의 여운이 남아 그 집 대들보에도 소리가 밴 것 같았다. 또 그가 어떤 여관에 들렀을 때였다. 동네 사람 중 누가 그에게 모욕적인 말을 하자 그는 구슬픈 노래를 부르며 그곳을 떠났다. 그의 노래를 들은 사람들 모두가 슬픔에 잠겨 사흘 동안 밥도 먹지 못하고 울었다고 한다.

숲이 일렁이고, 흘러가던 구름이 멈추고, 사람들의 마음은 물론이고 대들보에도 소리가 배이게 하는 힘. 조금은 과장이지만 음악은 외로운 마음을 따뜻하게 보듬어 주는 힘이 있다. 소리 하나만으로 기쁨과 슬픔을 재현해 내고 위로와 치유의 기능까지 수행할 수 있는 것은, 음악에는 보이지 않는 놀라운 힘이 있기 때문이다.

해가 지는 어스름이 깔린 황혼 녘에 박인수, 이동원이 부르는 정지용의 시 〈향수〉가 오랫동안 가슴에 머물다 흩어진다. '그리운 고향 꿈엔들 잊으리야…' 아름다운 하모니가 덧

없는 인생이라는 영상 뒤에 잔잔히 번지는 배음背音 같다. 사는 게 꿈속 같다. 인생이 이토록 빨리 지나다니, 모든 게 덧없다. 바람에 우수수 낙엽 지는 거리를 걷고 있을 때, 우수와 함께 쓸쓸한 해방감이 느껴졌다. 알 수 없는 황혼의 기이한 빛에 체념의 그림자가 길게 드리워진 것이다. 내 안의 맑은 본성이 진정으로 갈망하는 것은 바로 노래가 있는 삶이다.

　인간의 감성을 풍부하게 해주는 음악은 여러 가지 소리의 모임이다. 박자와 멜로디, 높낮이가 서로 다른 음들이 모여 때로는 사람의 마음을 기쁘게도 하고 슬프게도 만든다. 그중에서도 자연이 들려주는 소리는 사람의 감성을 안온한 상태로 만들어 준다. 그리움은 언제나 불쑥 솟아나야 매력이 있다. 불현듯 만나는 노래 한 소절이나 아름다운 꽃, 내리는 가랑비에도 그리움은 울컥 솟구치고 마는 것을. 먼 곳에 두고 온 그리움이 추억으로 내려앉는다. 그때 그곳의 내가 그립다.

　그런 구월이다. 부드러운 바이올린 선율이 불러일으키는 기이한 향수, 천 개의 목소리로 부르는 듯한 매혹적인 자연의 음악이 우리를 마법처럼 꾀는 그런 구월이다.

설날 풍경

성탄절부터 정월 초하루까지의 일주일은 시간 밖의 괄호와도 같다. 성탄절이 띄운 기분은 어디로 착지해야 할지 갈팡질팡하고, 그 공백 속에서 한 해의 기억은 눈발처럼 흩어진다.

새해가 되면 다르다. 사람들은 열두 달 365일로 조직된 시간 속으로 약속이나 한 듯이 행진해 간다. 나의 새해 계획은 무엇일까. 1월부터는 어엿한 목표를 갖고 한 해를 보내고 싶지만 그렇게 될지는 의문이다. 섣달그믐날 밤 나는 세월의 무상함에 허기져 있었다. 시간에, 글에, 사람에.

이른 새벽 미명이다. 서재에 홀로 앉아 곧 떠오를 눈부신 태양을 상상하며 새해를 어떻게 살아갈 것인가 생각했다. 한 해를 드디어 마무리했다는 안도감, 그리고 까닭 모를 아쉬움, 거기에 새해를 맞이하는 작은 설렘은 가슴을 두근거리게 한다.

아침 일찍 일 년을 버틸 화두를 찾아 나섰다. '묵언의 길'이라 명명된 구례 천은사 둘레길. 걷다가 요사채 입구에 걸려 있는 족자 앞에서 걸음을 멈추었다. '불언사무수不言似無愁'라는 글이 눈에 들었다. '말을 안 하면 근심이 없다'라고 설說하고 있다. 그렇다. 이 글귀를 한 해 동안 나의 화두로 삼기로 했다.

산길에는 무거운 침묵이 내려앉아 있고 숲도 새들도 깊은 잠 속에 빠져 있다. 천천히 걷는다. 나무들을 깨울까 봐 두렵다. 멈추고 싶을 때 멈추고, 가고 싶을 때 간다. 마음의 문이 활짝 열리고 숲에서 풍기는 청량감이 코끝을 스친다. 솔숲 아름다운 풍경이 새로운 모습으로 산뜻하게 다가온다.

아득히 먼 옛날, 추억이 담긴 중학교 3학년 때 수학여행 길을 나는 지금 걷고 있다. 화엄사 사자 석탑 바로 옆 요사채에서 일박하고, 다음 날 노고단으로 올라갔다 다시 이 계곡으로 내려왔다. 하루가 족히 걸리는 험준한 산길이었다. 그

때 이 계곡에는 수백 년 묵은 아름드리 소나무가 하늘이 보이지 않을 정도로 계곡을 가득 메우고 있었다. 그 후 솔숲은 1960년 중반 천은사 주지의 사욕으로 모조리 벌채되어 형체도 없이 사라지고, 이 일대가 벌거숭이 산이 되고 말았다.

그러나 인간의 탐욕에 굴하지 않은 자연의 자생력은 실로 놀라웠다. 그 사라진 소나무가 60년의 세월이 흐르는 동안 어느새 내 몸통만큼 자라서 계곡을 가득 채우고 옛 풍경을 재현하고 있었다. 소년 시절 잃어버린 꿈을 찾은 듯한 기쁨으로 마음에 훈훈한 기운이 감돈다.

솔숲 길을 걸으면서 만감이 교차했다. 세상은 끊임없이 변한다. 이 숲도 변하고, 나도 변한다. 지난해와 올해 사이에 선을 그어 시간을 분절시키는 것은 인위적인 일이고, 사실 어제도, 오늘도, 그저 쇠털 같은 많은 날의 연속일 뿐이다. 그렇지만 '설'은 인위적인 분절의 '시작'과 '끝'을 만든다. 설날 아침 엄마가 손수 만든 새 옷을 입고 연 날리던 시절이 언제였던가.

새해 나의 목표는 여행, 산책, 독서다. 이는 나만의 '행복의 묘약'이다. 여행과 산책은 취미 생활일 뿐 아니라 삶의 방편이기도 하다. 건강한 생활 습관, 철저한 자기 관리를 통해 내면의 아름다움을 추구하는 일이다. 나는 숲길을 자주 걷는다. 나만의 꿈길이다. 꿈은 나의 삶을 견인하는 원동력이고, 때로는 나만의 존재 이유이기도 하다. 현실적으로 실현이 어렵기는 하지만, 그 꿈이 있기에 녹록지 않은 현실의 어둠을 헤쳐 나갈 수 있다.

지난해 가을밤, 제주 중문 색달해변 벤치에 앉아 바다 위로 떠오르는 둥근 달을 바라보고 있었다. 마음이 편했다. 가만히 눈을 감는다. 달빛이 바다 위에 쏟아져 내린다. 유난히 반짝반짝 빛나는 별을 바라보니, 그 별도 나를 바라보고 있었다. 능선 위의 달이 크레파스로 막 그려 놓은 듯 크고 밝고 싱싱하다.

누군가 날 부르는 목소리가 들린다. 들릴 듯 말 듯 희미했다. 엄마의 목소리 같았다. 엄마가 파란만장한 생을 마치고 먼 길 떠나는 날 밤 마지막으로 나를 부르던 그 목소리로 들렸다. 그날 밤 나는 밤새 보고 싶은 엄마 생각에 몸을 뒤척이며 잠을 이룰 수 없었다.

무대는 그대로인데 등장인물만 바뀌는, 결코 재등장은 허락되지 않는 인생극장. 그래도 나는 땀과 눈물을 아끼지 않았다. 주연이든 조연이든 맡겨진 배역을 열심히 해냈다. 어이없는 실수에 자책하기도 하고 공허한 박수에 우쭐대기도 하면서, 때로는 새벽 빗물 소리에 뒤척이기도 하고, 때로는 바람 부는 벼랑 끝에 서보기도 했다. 교회 차디찬 의자에 앉아 하염없이 눈물로 밤을 지새우기도 했다. 왜 울었을까. 내 무의식에 숨어 있던 아픔이 부풀며 우러났다. 아들에게 사랑만 듬뿍 주고, 따뜻한 효도 한번 받지 못한 채 가신 엄니가 보고 싶어서 그랬다.

생각은 항상 어디에든 가 있다. 이미 돌이킬 수 없는 과거에 휘둘리며 후회와 분노로 다시금 상처받기도 한다. 누군가 읊은 "지금 알고 있는 것을 그때도 알았더라면"이란 시구가 후회스러운 지난 일을 생생하게 기억나게 한다. 자책, 회한, 부끄러움이 한 덩어리가 되어 나라는 존재를 더욱 초라하게 만든다.

어느덧 고희古稀를 넘어서니 마음이 조금씩 편해지기 시작했다. 그 이유는 간단했다. 그 모든 원인은 나에게 있다는 걸 스스로 깨닫는다. '세월이 약'이란 말이 실감으로 다가온다.

모든 건 흐르거나 떠나간다. 아무것도 잡을 것이 없다. 아무것도 기다릴 것이 없다. 아무것도 그리워할 것이 없다. 막막하다. 끝없이 침잠한다. 죽을 듯 아프다. 70여 년 세월이 흐르니 지금 내 곁에 남은 건 나의 그림자뿐이다.

이른 새벽 서재에서 큰아들이 선물한 김응교의 책 《그늘》

을 읽는다. 독서는 마음으로 곰삭혀 읽는 마음의 여행이다. 이 여행은 또 다른 텍스트로 들어가는 하나의 일탈이기에 나는 즐겁다. 나는 오늘부터 새로운 길을 뚜벅뚜벅 걸어가야 한다. 아득히 끝이 보이는 그 길. 그 길은 걸어왔던 길이 아니고 낯설고 새로운 길이다. 과거는 현재에 이르러 무상이라는 이름을 얻었으니, 현재도 미래의 어느 때에는 무상이란 단어를 묘비처럼 남길 것이란 생각이 든다.

영원히 사라지는 것도 없고 영원히 지속되는 것도 없다. 시간이라는 빈칸을 오갈 뿐이다. 세월에 무너질 바벨탑을 다시 쌓아 올리는 일이 인생이다. 그것은 '나'를 찾는 경건한 기도다. 무한한 하나님의 사랑, 이 사랑보다 더 큰 기적은 이 세상에 없다.

잔인한 달, 3월

봄꽃이 한창이다. 팍팍하게 살다가도 꽃을 보면 기분이 좋아진다. 곱지 않은 꽃이 없다. 고향으로 가는 길은 언제나 마음이 설렌다. 오래 객지에 머물다 가끔 귀향길에 나서는 나그네로선 그 경쾌한 발걸음이며 달뜬 심경을 무엇에 비기랴. 그런데도 고향이 가까워지자 안타까운 마음이 앞선다. 어릴 적 동무들과 뛰어놀던 무지갯빛 동심은 오간 데 없고, 골목은 깊은 침묵에 묻혀 있다.

다행히 마을 언덕에 자생하는 들꽃은 옛 모습 그대로 피어 있다. 순박하면서도 지칠 줄 모르는 생명력도 옛 모습대로 변함없다. 봄이 오면 얼었던 땅을 비집고 나와 눈이 부시도록 대지를 푸른 새 생명으로 뒤덮던 쑥부쟁이, 강아지풀, 질경이, 안개꽃, 쥐오줌풀, 며느리 배꼽, 제비꽃 등이 그 주인공이다.

들꽃의 작고 질긴 생명력은 마을 사람들의 성정을 닮은 것 같다. 바우, 만덕이, 실경이, 싹불이 등 어릴 적 동무들 이름에도 흙냄새가 물씬 배 있다. 그들처럼 고향의 야생화들은 모양부터 수더분하고 정겨우며 풍기는 냄새도 다르다. 나는 이 고향 냄새가 좋다. 마을 우물가에 핀 쑥부쟁이는 검은 무명 통치마에 댕기 머리로 물동이를 이고 가던 소꿉친구 옥금이를 연상하게 한다.

그 들풀 가운데 내가 가장 좋아하는 꽃은 토종 민들레이다. 몇 해 전 이른 봄날 지리산 상선암에 들렀을 때 계곡을 가득 메운 토종 민들레가 꽃동산을 이루고 있었다. 외래종 민들레에 쫓겨 이런 깊은 산골에까지 숨어든 게 아닌가 싶었다. 무심코 길을 걷다가 보게 되는, 도로의 블록 틈새를 비집고 나와 작은 꽃을 피우고 있는 민들레는 순수 우리 꽃이다. 하지만 요즘 외래종 민들레가 이 땅에 자생하면서 토종 민들레는 자취를 감추고 있다.

초라한 들꽃에는 어릴 적 추억이 아련한 빛으로 어려 있다. 닭의장풀도 마찬가지다. 마당가 닭장 부근에서 자란다고 해서 닭의장풀인데 크기가 하도 작아서 애처롭게 보일 정도다. 그때 암탉 여럿을 거느리고 마당에서 거드름을 피우던 수탉의 모습과 함께 풀꽃의 선연한 자줏빛이 새록새록 떠오른다.

  3월, 아직 꽃망울을 못 터뜨린 목련도 적지 않는데, 4월에 피는 벚꽃이 벌써 폈다. 진달래는 아직 피어 있고 개나리꽃은 여전히 무성하다. 봄꽃은 대개 매화, 진달래, 개나리, 목련, 벚꽃 순으로 피는 순서가 정해져 있다. 그런데도 매화에서 벚꽃까지 한 달에 나눠 피던 꽃들이 요즘은 일주일 사이에 다 핀다. 남도에 벚꽃이 한창일 때 서울에서도 벚꽃 소식이 들려왔다. 산수유는 매화와 더불어 봄철에 가장 먼저 피는 꽃 중 하나다. 구례 산동 산수유 축제는 예년에 비해 열흘 앞당겨졌다. 점점 빨라지는 기후 변화의 속도를 실감할 수 있다. 지구의 온난화로 봄꽃 피는 시기가 빨라질 뿐만 아니라 압착되고 있다. 다양하고 많은 꽃이 한꺼번에 피니 보기는 좋다. 그렇지만 꽃들이 정한 순서를 어기고 한꺼번에 일찍 피었다가 져버리면 그 꽃에 의존해 살아가는 곤충의 활동 시기가 어긋나 살 수 없고, 그 곤충을 먹고 사는 새도 살 수 없다. 먹이사슬이 무너지면 자연의 질서도 무너진다.

아무래도 이 일을 어찌하면 좋을까.

요즘 빈번한 꿀벌 집단 폐사의 주범은 응애라는 진드기로 밝혀졌다. 응애는 벌통에 기생하면서 애벌레의 체액을 빨아먹고 병원성 바이러스를 옮기는데 방제가 어렵다는 데 문제의 심각성이 있다. 그 원인도 기후 온난화라고 한다. 종일 꽃들 위에서 잉잉거리며 부지런히 꿀을 모아 집으로 돌아가는 꿀벌은 하찮은 노동이지만 그 보람을 즐거워하는 인간에 대한 은유다. 인간은 땅을 벗어나지 못하는 꿀벌 이상의 존재가 아니다. 꿀벌이 없다면 곧 생태계에 혼란이 초래되어 재앙으로 다가올 게 분명하다.

지난 2년 코로나 팬데믹은 인간의 생활 환경을 바꿔버렸다. 그보다 더 무서운 일은 지구 온난화로 시베리아의 빙하와 영구 동토가 녹아내리며 수만 년간 갇혀 있던 병원체가 봉인이 해제돼 인류에게 위협이 될 수 있다는 소식이다. 이른바 '좀비 바이러스'의 습격이다. 어쩌면 코로나 균체도 이런 온난화 저주의 서곡이 아닐까, 생각을 지울 수 없다.

얼마 전 조간신문에서 시베리아 야쿠츠크 지역의 영구 동토에서 약 4만 8500년 전 호수 밑에 묻힌 것으로 추정되는 바이러스를 포함해 인류가 처음 보는 바이러스 13종을 발견했다는 보도를 읽었다. 토양이나 강은 물론 2만 7000년 전 죽은 시베리아 늑대의 창자에서도 발견된 이들 바이러스는 아직 충분한 전염력을 갖춘 상태라고 한다. 특히 얼어붙은 동물들 내장에 잠복하고 있다가 노출되는 바이러스의 위험성이 크다고 한다. 실제 2016년 러시아 북시베리아에서는 된더위로 영구 동토 빙하가 녹으면서 사슴 사체가 노출, 이와 접촉한 어린이 1명이 탄저병에 걸려 숨지고 성인 7명이 감염된 바 있다. 이 지역에서 탄저병이 발생한 일은 1941년 이후 처음 일이었다. 시베리아는 지구에서 온난화가 빠르게 진행되는 지역 중 하나로 땅속에 얼어붙어 있던 유기체가 노출되는 일도 더 잦아질 수밖에 없다고 한다.

순천 동천 벚꽃 길을 걷는다. 수백수천 송이 벚꽃이 햇살이 겨운 듯 잔바람에 너울거린다. 꽃눈이 내리는 언덕에서 하얀 꽃송이를 올려다본 순간, 황홀함이 물결처럼 출렁인다. 웬일일까? 이리저리 한참을 찾아봐도 벌과 나비는 한 마리도 보이지 않는다. 눈부시게 찬란히 치장한 꽃이 정작 기다리는 손님은 벌과 나비일 텐데 말이다.

나무는 모든 조건이 제게 알맞았을 때 꽃을 피운다. 혹독한 북풍한설도 그 의지를 꺾지 못한다. 그러나 기후 온난화로 인한 기상 이변에 꽃들은 정신을 차리지 못하고 있다. 잔인한 달, 3월이다.

하지만 찬란한 봄은 잠자는 내 안의 봄을 여지없이 깨우고 있다. 그 봄이 영롱한 꽃 옷을 입고 내 앞에서 방긋 웃고 있다. 너무 아름다워서 서글픈 봄이다.

늘 푸른 소나무

　금강소나무는 우리나라 금강산을 중심으로 강원도 경상북도 북부 지역, 제주 영실 등 전국 각지에 자생한다. 목재는 가볍고 연하며 특유의 솔향이 강하다. 험한 환경에 적응력이 탁월해서 강한 생명력과 역동성을 느낄 수 있는 자랑스러운 우리 나무다.
　소나무는 나무 중에서도 고고한 선비의 기풍을 지녔다. 성인군자요, 덕망 있고 격이 높은 어른 같다. 오천 년이 넘은 세월, 온갖 풍상을 온몸으로 받아내고 이 땅을 푸르게 지켜왔다. 천 년을 산다는 학鶴은 이 소나무에만 앉는다고 한다.

보통 침엽 상록수의 경우처럼 중심 줄기가 곧게 일자로 높게 뻗는 것이 특징이며, 껍질은 적갈색이며 나이를 먹을수록 표면이 거북이 등껍질과 같은 모양으로 갈라진다. 이 모양이 마치 철갑을 두른 듯 보인다고도 하여 이를 애국가에서도 언급하고 있다. 상록수라 엄혹한 추위에도 이를 견뎌내고 사철 푸르름을 자랑한다.

그래서일까. 옛 선비들에게도 많은 사랑을 받은 나무이고, 예로부터 궁궐이나 사찰을 건축할 때 금강소나무만을 사용했다고 한다.

고향 마을을 감싸고 있는 뒷산에 울창한 금강 솔숲이 있다. 솔향을 품은 바람과 햇살이 어우러진 냄새는 예나 지금이나 변함이 없다. 그러나 계절의 순환에 따라 그 모습이 다르게 보인다. 봄에는 소생의 기쁨, 여름에는 성장의 생명력, 가을에는 희생과 성숙, 겨울에는 인내와 기다림의 모습으로 말없이 우리를 가르친다.

오월이면 노란 송홧가루가 숨이 막힐 정도로 하늘을 뒤덮었다. 그 향긋한 송화 내음도 잊을 수가 없다. 동무들과 놀이를 하다가 솔가지 사이에 숨어 빠끔히 내다보는 하늘은 도라지꽃처럼 그 빛이 짙었고 어디서인가 이름 모를 새들은 몽롱한 노래로 고요한 적막을 깨뜨리곤 했다.

율곡 선생은 세한삼우歲寒三友로서 송松·죽竹·매梅를 꼽았고, 윤선도는 시조 오우가에서 소나무를 벗으로 여겼으며, 추사 김정희는 세한도에서 어려울 때 도와주었던 제자의 고결한 우정을 기리는 마음에서 겨울철 소나무를 그려주기도 했다.

소나무는 장미처럼 요염한 꽃을 피울 줄도 모르고 화려한 향취를 뿌려 뭇 나비들을 부를 줄도 모른다. 하지만 오랜 비바람에 시달린 노숙한 모습은 화가들이 즐겨 다루는 화제이며 그 붓끝에서 신비롭게 빚어진다. 침형으로 그려진 잎이 서로 얽혀 난잡스러울 듯하지만, 의좋게 짝을 지어 한 줄기에 질서 있게 붙어서 맵찬 설한에도 조락 없이 꿋꿋이 버틴다. 그 기개가 단연 가관이다. 날 듯 말 듯, 그러나 다시 한번 맡으면 확실히 무거운 저력을 가지고 코끝을 압박하는 붓끝의 향취가 가히 솔향을 닮았다.

어떤 고매한 소나무는 높은 낭떠러지 바위틈에 운명의 입지를 정하고 한 생애를 그곳에 세운다. 그 나무의 처지가 참 얄궂다. 아마 어떤 새의 분비물에 섞인 씨앗 덕분이리라. 그 나무는 절벽 위에서 홀로 꽃 피우고 눈비를 맞는다. 옹이 지고 뒤틀린 밑둥치와 가지 속에 운명의 척박함을 스스로 갈무리할 줄 안다.

고향 빈집은 마치 늙은 어머니가 자식을 기다리고 있는 것처럼 느껴진다. 모진 바람과 뜨거운 태양을 견디고 버티던 육신이 삭아져 내린 채. 시간이 켜켜이 쌓인 집 안으로 들어가 '엄마' 하고 불러 보면 금방 "워매, 내 아들!" 하면서 맨발로 뛰어나오실 것만 같다.

어릴 적 갓난아이가 태어나면 금줄을 사립문이나 대문에 걸었다. 이 금줄에 소나무 가지가 걸린다. 금줄에 '금禁'은 '금한다'라는 의미이며, 소나무에 잡스럽고 삿된 것을 막는 힘이 있다고 조상님들이 믿었기 때문이다. 소나무의 그 푸른빛은 생명의 상징이기도 하다.

금강소나무는 사시사철 푸름으로 지조를 잃지 않는다. 그래서 소나무는 의義와 충忠을 상징한다. 단종 복위 사건으로 혹독한 고문 끝에 죽음을 앞둔 성삼문의 마지막 남긴 피 묻은 노래다.

이 몸이 죽어가서 무엇이 될꼬 하니
봉래산 제일 봉에 낙락장송落落長松 되었다가
백설이 만건곤할 제 독야청청하리라

봉래산 제일 봉에서 백설이 내려도 독야청청하리라는 처절한 절의가이다. 이린 충의가 어디 또 있으랴.

제주 영실 금강소나무 숲. 검은 현무암 틈에서 풍기는 향긋한 바다 냄새, 싱그러운 솔향, 소나무 가지들이 서로 어깨를 맞대고 살랑거리며 내는 솔바람 소리가 좋다. 영실 계곡의 기기묘묘한 기암괴석과 하얀 거품을 뿌리며 굽이굽이 흐르는 물은 천상에서 흘러온 물처럼 맑다. 돌 틈 사이로 졸졸 흐르는 물에는 생명의 신비가 반짝이고, 붉은빛이 감도는 소나무 숲의 적적하고 고요함에는 천년의 숨결이 흐른다.

그곳 솔숲은 새들의 보금자리다. 봄, 여름, 가을 할 것 없이 뭇 새들이 숲으로 날아든다. 동고비, 곤줄박이, 붉은머리오목눈이, 쇠박새, 노랑텃멧새, 방울새, 꾀꼬리, 뻐꾹새, 멧비둘기, 쇠찌르레기 등등. 마음이 울적할 때는 숲길을 거닐면 새들의 울음소리에 왠지 모를 슬픔이 배어 나온다. 상류의 끝은 시원이고, 하류의 끝은 소멸이다. 물은 시원에서 소멸 사이를 이어간다. 그래서일까, 바위틈 새를 흐르는 개울물 소리에도 그리움과 회한이 묻어 있다.

어느덧 가을이다. 나무 한 그루, 풀 한 포기마다 제각각 소멸을 준비하는 모습이 완연하다. 문득 소슬한 바람이 가슴을 훑고 지나간다. 지난해 추석에 고향을 찾았다. 마을 어귀에서 뒷동산 정상을 바라보니 언제나 나를 반겨 주던 큰 소나무가 보이지 않았다. 나는 고향을 잃어버린 듯 충격을 받앉다. 언제나 소슬바람에 나뭇가지를 흔들면서 푸른 기개를 잃지 말라고 힘을 북돋아 주던 그 소나무는 어디로 갔을까.

아! 인생무상의 찬바람이 가슴을 훑고 지나간다. 순간, 아무도 없는 절벽에서 평생을 보낸 듯한 외로움이 물밀 듯 밀려온다.

| 발 | 문 |

애절한 사모곡

　그는 해방 이듬해에 태어났다. 부모님이 퇴비로 농사를 짓는 것을 지켜보았던 거의 마지막 세대다. 그의 세대 이후로는 사실상 농촌 공동체는 붕괴되었다. 회귀할 수 있는 고향이 사라진 셈이다. 고향이 없어졌다는 것은 곧 고향을 품었던 자연이 사라졌다는 것이며, 그 자연 속에서 형성되었던 자연과 인간, 인간과 인간의 관계가 소멸되었거나 변질되었다는 것을 의미한다.
　그의 작품들은 일관되게 고향을 찾고, 고향을 그리워하고, 고향의 품을 더듬는 애절한 사모곡이다. 그의 작품 속에는 친구들과 대숲에서 뛰어놀던 어린 시절이 마치 낙원처럼 그려진다. 아니 실제로 낙원이었을 것이다. 전란이 몰고 온 비극과 아픈 가족사가 고향에 대한 그의 기억들을 굴절시키고 퇴색시킬 만도 한데 그의 낙원은 오히려 생생한 실재감으로 우리 눈 앞에 다가온다.
　그의 철학은 한마디로 시원을 찾아 근본으로 돌아가고자

하는 원시반본原始返本 사상이다. 그러나 문명을 거스른다는 것은 불가능한 일이며, 그러한 시도 자체가 자칫 퇴행으로 비치기 십상이다. 그는 본인이 칠십 노구이면서 지금도 어머니를 '엄마'라고 부른다. 어쩌면 아직도 정신의 한 축이 어린 시절에 머물러 있는지도 모른다.

그는 자신이 어떤 의미에서 정신적 실향민임을 의식하고 있고 다시는 원래의 고향에 돌아갈 수 없다는 것을 누구보다 잘 알고 있다. 그래서 그는 자연에서 예술에서 종교에서 그 답을 찾지만, 그 어떤 것도 고향을 대신할 수 없다. 그것들은 결국 고향을 찾아가는 먼 우회로이며 도착을 확신할 수 없는 방황의 여정일 뿐이다. 고향은 그에게 그 어떠한 것으로도 대체 불가한 절대적인 것이기 때문이다. 그래서 우리는 그에게서, 그의 작품들 속에서 그 무엇으로도 달랠 수 없는 슬픈 유랑의 노래를 듣게 된다.

정승윤(수필가)